흄이 들려주는
원인과 결과 이야기

흄이 들려주는

원인과 결과 이야기

ⓒ 박해용, 2007

초판 1쇄 발행일 2007년 6월 30일
초판 10쇄 발행일 2022년 6월 24일

지은이   박해용
그림   김정진
펴낸이   정은영

펴낸곳   (주)자음과모음
출판등록   2001년 11월 28일 제2001-000259호
주소   10881 경기도 파주시 회동길 325-20
전화   편집부 (02)324-2347 경영지원부 (02)325-6047
팩스   편집부 (02)324-2348 경영지원부 (02)2648-1311
e-mail   jamoteen@jamobook.com

ISBN 978-89-544-1975-8 (64100)

흄이 들려주는
원인과 결과 이야기

박해용 지음

㈜자음과모음

이 책은 주인공 '이오(초등학교 6년)', 아빠 그리고 '나무 할머니'를 중심으로 전개되며, 이들이 흄의 사상을 알아가는 과정을 흥미롭게 꾸미고 있습니다. 사실 흄의 사상은 어른들도 이해하기가 쉽지 않은 내용을 담고 있습니다. 이렇게 어려운 철학 내용을 어린이의 눈높이에서 쓴다는 것은 더더욱 쉬운 일이 아니었습니다. 그래도 흥미로운 이야기를 통해 전달하려는 철학 내용이 어린이들에게 재미있게 읽혔으면 하는 바람이 있습니다.

데이비드 흄(1711~1776)은 영국의 철학자로 경험주의를 완성시키고 그 한계를 지적한 사람으로 유명합니다. 그는 경험론자이면서 동시에 회의론을 철학하는 방법으로 사용합니다. 그래서 사람들은 그의 철학을 '회의론적 경험론'이라고 하지요. 흄의 회의론적 경험론은 보통 사람들이 생각하는 경험을 보다 색다르게 이해합니다.

무엇보다 원인과 결과에 대한 그의 주장이 매우 특이합니다. 흄은 원인과 결과 사이의 필연적 관계를 인정하지 않습니다. 원인과 결과의 관계를 인과 관계라 하는데, 인과 관계는 다만 우리의 경험적 습관에 의해 내려진 판단일 뿐이며, 인과 관계가 앞으로도 그대로 계속해서 유지될지 여부는 알 수 없다고 주장하는 것입니다. 다시 말하면, 인간은 경험에 의해 직접 원인과 결과의 관계를 끄집어 낼 수 없다고 합니다. 원인과 결과의 관계는 다만 같은 경험을 되풀이하면서 유사한 원인으로부터 유사한 결과를 기대하는 심리적인 현상일 뿐이라는 것입니다. 그래서 흄에 의하면 인간은 자신의 주변에서 일어나는 일들에 대해 참된 원인과 이유들을 알 수 없다고 합니다. 다만 원인을 보고 그에 따른 결과들을 추측할 수는 있지만 항상 필연적으로 그 결론이 나온다고는 할 수 없다는 것입니다.

 예를 들면 어떤 두 사람이 늘 함께 있는 것을 본 다음(경험을 한 것이지요), 원인과 결과의 관계에 의해 '아, 저 두 사람은 서로 가까운 사이구나!' 하는 결론에 이르게 됩니다. 그런데 흄에 의하면 이것은 우리의 경험적 습관에 의해 내린 판단일 뿐이지 이 두 사람이 사실 어떤 사이인지 확실히 알 수 없다는 것입니다. 그럴 수도 있지만 그렇지 않을 수도 있다는 것입니다. 그러므로 원인과 결과의 관계가 반드시 필연적이진 않다는 것입니다. 이와 같이 우리는 지금까지의 경험에 의해 어떤 결과가 나올 것이라고 미리 예상할 수는 있지만 반드시(필연적으로) 그렇게 될 것이라고 확신할 수는 없다는 것입니다.

또한 흄은 '자아'의 문제에 대해서도 독특하게 생각합니다. 흄은 '나' 혹은 '자아'라는 관념이 생기려면, 먼저 그에 대한 인상이 있어야 한다고 말합니다. 그런데 자아는 항상 변하는 것이기 때문에 문제가 있습니다. 지속되면서도 항상 변하고 있는 자아를 흄은 서로 다른 지각의 다발이나 묶음 같은 것이라고 주장합니다. 흄에 의하면 자아는 수시로 변화하지만 또 고정적인 면을 가지고 있는 것이지요. 그래서 흄은 자아를 일종의 '극장'에 비유했어요. 그것도 '무대 없는 극장'이라고요. 결국 '나'라는 것은 다양한 인상을 받아들여서 다양한 관념을 만들어 가는 극장의 무대와 같은 역할을 한다고 보았지요.

위와 같은 내용들 외에도 관념과 인상의 문제, 연상의 법칙 등 이 책에 들어 있는 흄의 사상은 재미있는 이야기와 함께 여러분의 호기심을 자극할 것입니다. 아무쪼록 진지하게 생각하는 흄의 사색을 흥미롭게 읽으면서 여러분의 생각의 방식도 깊고 넓어지기를 바랍니다.

끝으로 이 책을 완성하는 데 여러 가지로 도와주신 (주)자음과모음의 관계자 여러분에게 고마운 마음을 전합니다.

2007년 6월
박해용

 슈퍼 세일 시간까지 챙기는 씩씩하고 똘똘한 초등학교 6학년생 어린왕자 '이오'는 흄이 들려주는 원인과 결과 이야기를 너무도 재미있게 듣습니다. 그것은 'B612'라는 이름의 꽃집을 운영하는, 건망증이 심한 싱글 대디 아빠와의 대화에서, 나무에 대해서는 모르는 것이 없다는 나무 할머니와의 만남을 통해 묻어 나옵니다. 경험론, 항상성과 정합성, 인상과 관념, 원인과 결과, 자아와 같은 아주 어려운 철학적 개념들이 이 세 사람의 다정하면서도 재미있는 대화 속에서 매우 쉽게 실타래가 풀려 나갑니다.

 철학을 대화체로 풀어 내는 일은 쉽지 않은 작업입니다. 그것도 어린이들의 감수성을 유지한 채 그 눈높이에서 이야기하는 것은 더더욱 어렵습니다. 오랫동안 어린이 철학, 청소년 철학 분야를 개척해 오신 저자의 경륜과 혜안이 이 작품을 통해 느껴집니다. 경험론과 인식론의 세계에 처음 문을 두드리는 모든 어린 친구들에게 이 책을 권해 드립니다.

동덕여자대학교 교양교직학부 교수 이진남

 아이들에게 논술 지도를 한 지 15년이 흘러가면서 논술을 어떻게 가르쳐야 하는가에 대해서 많이 생각하게 되었습니다. 그러면서 늘 생활 속에서의 논술을 가르쳐 주고 싶었습니다. 이것은 곧 사는 방법을 함께 생각하는 것이라고 여겨집니다. 이런 뜻에서 스피노자의 '철학을 한다는 것은 사는 방법을 배우는 것'이라는 말은 많은 것을 생각하게 합니다. 사는 방법을 가르치려면 철학을 가르치면 될 것이라는 깨달음을 얻을 수 있습니다.

하지만 아이들은 철학을 매우 어렵게만 생각하고, 철학책을 쓰시는 분들도 어린이의 눈높이가 아니라 어른의 눈높이에서 책을 쓰다 보니 멀리 떨어져 있어서 가까이 갈 수 없는, 어렵기만 한 것이 철학이었습니다. 그런데 박해용 선생님의 책을 보고 그 해답을 찾았습니다. 선생님은 어린이의 눈높이에서 세상을 보고, 생활 속의 이야기로 쉽게 철학을 풀어 냅니다. 아이들이 좋아하는 동화 형식에 그림까지 곁들여서 아이들 스스로 철학 속으로 빠져 들게 합니다.

《흄이 들려주는 원인과 결과 이야기》는 영국의 경험주의 철학자 흄에 관한 이야기입니다. 이 이야기는 '이오'라는 소년을 중심으로 전개됩니다. 아들을 믿어 주고 아들의 이야기에 진심으로 귀를 기울여 주는 '이오'의 아버지와 직접 경험하지 않은 것은 자신의 것이 아니라고 말해 주는 친구 같은 '나무 할머니'도 나옵니다. 아버지와 할머니는 흄의 생각을 너무 좋아하고, '이오'도 흄을 좋아하게 됩니다. 이 글을 다 읽고 나니 저도 흄이 좋아졌습니다. 진실로 그 내용을 좋아하는 사람이 들려주는 이야기에는 진심이 담겨 있기에 읽는 사람에게도 그 마음이 전염되나 봅니다. 아마 이 책을 읽는 어린이들도 흄 이야기에 푹 빠져 생각이 더욱더 깊어질 거라고 믿습니다.

광주대학교 강사(마인드맵 센터장) 조은숙

CONTENTS

외로운 아이

조화를 이루는

삶

 '미는 오로지 사물을 응시하는 사람의 머릿속에서만 존재할 뿐이며,

모든 정신은 미를 서로 다르게 지각한다'

— 데이비드 흄

1 내 이름은 이오

아빠는 또 어디 갔니? 가게 문은 활짝 열어 놓고. 하여튼 이렇다 니까! 꽃집이라 훔쳐 갈 게 없긴 하지만 아무리 그래도 그렇지. 요즘 정말 너무한 거 아냐? 보나마나 어디 구석에 쭈그리고 앉아 땅바닥 긁으며 훌쩍이고 있겠지, 뭐. 장미가 시들었다든지, 호접 란의 잎새 끝이 조금 누렇게 변했다든지 하는 이유로 말이야. 혹 시 테이블야자 줄기가 살짝 꺾이기라도 했나?

아니면 단지 바느질이 하고 싶어서 몰래 도망간 건지도 몰라. 한

창 바느질 삼매경에 빠져 있는데 손님이 오면 귀찮으니까. 수리, 너도 알지? 아빠가 요즘 하고 있는 조각보 바느질 말이야.

한 달 전이었나, 동네 문화센터 앞을 지나가다가 받아 온 전단지를 한 시간이 넘도록 뚫어지게 바라보고 있더니 갑자기 나를 부여안고 너무나 기쁜 얼굴로 중대 발표라도 하는 것처럼 대한 독립만세를 외치듯 이렇게 부르짖었잖아.

"그래, 아빠는 바느질을 할 테야!"

하아~! 이게 바로 우리 아빠라고. 다른 아빠랑은 달라도 너무 다르다니까. 툭 하면 삐치고 잘 까먹고 덤벙거리고 도대체 누가 아빠이고, 누가 아들인지 헷갈린다니까. 다 큰 어른이 유치한 드라마 보면서 울기나 하고 말이야.

아빠는 나랑 드라마 같이 보는 게 소원이라고 하지만 난 말이야, 아빠랑은 절대 같이 안 볼 거야. 드라마 보면서 미주알고주알 다 말하고 참견하면서 '재는 왜 저렇게 못됐니, 저런 뻔한 거짓말에 속아 넘어가다니, 바보 아냐? 저 신발은 어디에서 샀을까, 꽃을 왜 저렇게 꽂았어, 진짜 감각 없네' 하면서 시끄럽게 굴잖아. 도대체 드라마에 몰입할 수가 없다고! 아빠가 아니라 동네 아줌마랑 함께 있는 거 같다니까.

말이 나왔으니 말인데 아빠는 좀 이상하지 않아? 우리 꽃집 이름을 모두들 다 한 번씩 물어볼 정도로 이상하게 지어 놓고는 언제나 흐뭇하게 바라보고 있잖아. 꽃집에 이 이상 가는 이름은 없다나? 'B612'. 꽃집 이름이 이게 뭐냐고!

무슨 혹성 이름 같지 않니? 누군가 그렇게 생각한다면, 오오~ 그건 굉장한 센스! 별 이름이 맞으니까. 기억하니? 지난 수요일 밤, 그날은 아침부터 비가 왔어. 아빠는 드라마 보다가 너무 울어서 힘 빠진다고 일찍 자고, 비가 오면 넌 유난히 외로워하니까 내가 책 읽어 주었잖아. 그래, 《어린왕자》.

우리 집에 있는 《어린왕자》는 아빠가 보던 거라서 겉장이 너덜너덜해. 아빠가 제일 좋아하는 책이 《어린왕자》잖아. 내가 어릴 때 아빠가 늘 읽어 주던 것도 그 책이고. 어지간하면 새로 하나 살 법도 하건만, 아빠는 아직도 그 책을 보물처럼 아낀다니까. 이유야 뻔하지. 엄마가 아빠에게 준 첫 선물이니까. 15년도 더 전의 일이지만.

오죽하면 꽃집 이름도 'B612'라고 했겠어? 어린왕자가 사는 별 이름이잖아. 자기 꽃을 돌보는 어린왕자처럼 누군가를 위해 꽃을 사 가는 사람의 마음도 사랑과 보살핌과 책임으로 가득했으면 좋겠다고 붙인 이름이래. 하지만 혹시라도 우리 꽃집에 올 때에는 절대 가게 이름에 대해 물어보면 안 돼. 아빠한테 붙잡혀 약속 시간에 늦을지도 모른다고.

아빠는 뭐든 이름 붙이는 걸 좋아해. 집 앞에 있는 돌멩이한테까지 삼박 사일 동안 고민해서 만든 이름을 붙일 정도니까. 뭐였더라, 돌돌이었나…… 자기 정체성을 잊지 않는 이름이 좋대나. 네 이름도 아빠가 짓는다는 걸 내가 짓겠다고 박박 우겨서 또 삐쳤었잖아. 밥도 안 먹고. 하지만 난 네 이름만큼은 내가 지어 주고 싶었는걸.

왜냐고? 나도 몰라. 그냥…… 넌 내 친구니까. 넌 내 얘기라면 뭐든 다 들어 주니까. 나를 이상하게 생각하지도 않고 내 생각을 바꾸려고 하지도 않으니까. 아아! 인간관계라는 건 피곤해. 내가 이상한 걸까? 아빠가 좀 이상해서 나도 그런 걸까?

어쨌든 나는 그냥 이대로의 내가 편해. 그럼 안 되는 걸까? 고구마랑 이야기하는 게 그렇게 이상한 건 아니잖아? 사람 이야기를 들어 주는 고구마가 딱히 이상할 것도 없는 것처럼 말이야. 어쨌든 지금 다시 생각해도 네 이름 짓는 일을 아빠한테 맡기지 않은 게 다행이라고 생각해.

아빠라면 아마 1주일쯤 고민해서 내놓는 이름이 고고, 구구, 마마, 이런 걸 게 틀림없어. 존재의 정체성이 어쩌고 하지만 사실은 같은 걸 두 번 반복하는 데 재미 붙인 것뿐이거든. 너도 지금 네 이름이 마음에 들지? 수리! 닦을 수, 이치 리. 이치를 닦는 고구마는 세상에 너 하나밖에 없을 거야.

하여튼 그게 지금까지 아빠의 진정한 취미라면 취미였지. 늘 하는 말이 내 이름을 짓기 위해 얼마나 고심 또 고심했는지 한 얘기 또 하고 한 얘기 또 해서 귀에 딱지가 앉을 지경이 되었는데도 틈만 나면 그 얘기를 하려고 하잖아.

내가 무슨 유치원생도 아니고, 그만하라고 한마디라도 하면 말 떨어지기 무섭게 삐쳐 가지곤 아빠에 대한 애정이 식었다는 둥, 한 번 더 들으면 귀가 떨어지냐는 둥, 하나밖에 없는 아들 키우느라고 자기는 등골이 휘었다는 둥, 그 이야기를 어떻게 해서든 하고야 만다니까. 그러니 차라리 그냥 한 번 더 들어 주고 마는 거지. 누가 누구 아빠고 아들인지, 원.

하긴 내 이름이 좀 특이하긴 하지. 이름을 말했을 때 사람들이 보이는 반응은 크게 두 가지로 나눠지더라. 웃든가, 신기해하든가. 아빠는 자기 이름이 외자라고 아들 이름도 외자로 지었다고 해. 아빠는 내 이름을 짓기까지 여러 가지 사연과 우연과 필연이 겹쳐져서 이 이름이 될 수밖에 없었다고 강조하고 또 강조하지만, 글쎄 그렇게 짓고 싶었기 때문에 지어 놓고 이것저것 갖다 붙인 게 아닐까 의심이 든다니까. 아빠는 워낙 제멋대로잖아.

내가 얘기한 적 있었니? 내 이름은 아빠의 성과 엄마의 성을 하나씩 따서 지었대. 그리고 우연히(아빠는 필연이라고 박박 우기지만) 내가 태어난 날이 2월 5일이지. (만일 내가 3월 7일에 태어났으면 혹시 삼칠이가 되었을지도 몰라. 그 생각을 하면 자다가도 등에 식은땀이……) 게다가 아빠가 예전에 좋아하던 가수 중에 '이오공감'이라는 프로젝트 듀엣이 있었는데 그들도 영향을 준 거라나.

하지만 내 생각에는 내가 태어나기도 전에, 여자든 남자든 '이오'라고 결정했던 게 틀림없어. 엄마 아빠 결혼기념일이 2월 25일이거든. 아빠가 엄마를 처음 만난 날이래. 어쨌든 나쁘지는 않아. 한 번 들으면 쉽게 잊지 못하는 이름이니까, 나쁜 짓 할 수도 없고 다들 잘 기억해 주거든.

내 이름은 이오!

난 내 이름이 좋아. 아빠가 오! 오! 일부러 감탄사를 연발할 땐 살짝 짜증이 나기도 하지만.

2 혼자라도 괜찮아

아빠는 참, 진짜 어디서 뭐하는 거야? 아직도 안 오고…… 조금 있으면 슈퍼 세일 시간인데…… 오늘은 싱싱한 오징어가 나오는 날이란 말이야. 며칠 전부터 기다렸는데. 하여튼 늦게 오기만 해 봐. 삶은 오징어에 초장은 어림도 없다.

아, 정말 이게 초등학교 6학년 남자 아이가 할 이야기냐? 하루 종일 머리에 든 건 오늘은 어디가 싸게 파나, 옆 동네 슈퍼에선 휴지 하나 더 준다는데, 이런 거라고. 살림 경력 6년차인 나지만 가

끔은 소년의 로망을 얘기하고 싶다고.

하지만 어쩌겠어. 아빠한테 살림을 맡겼다간 한 달도 안 돼서 거덜 날 텐데. 아무 대책 없이 사고 싶은 거 다 사고, 밤새 머리 쥘으면서 후회하는 꼴을 어떻게 두 눈 시퍼렇게 뜨고 보란 말이야. 수리, 너도 알지? 아빠 무대책, 무계획, 무뎃포인 거. 엄마가 없으니 나라도 아빠를 보살펴야지.

엄마……! 나는 가끔 엄마 생각을 해. 나는 아직 어린애잖아. 아빠 때문에 또래 아이들보다 철이 들었다는 소리를 듣기는 하지만 말이야. 그래도 엄마의 빈자리가 나한테는 참 커. 하지만 아빠한테 엄마가 보고 싶다고 말하거나 슬픈 내색을 하지는 않아. 그러면 우리 아빠가 속상해하실 게 분명하잖아.

솔직히 엄마 얼굴이 아주 선명하게 떠오르는 건 아니야. 하지만 내 마음을 열심히 들여다보면 엄마의 얼굴을 상상할 수 있어. 그게 바로 나의 상상력이지. 내가 엄마의 얼굴을 상상할 수 있는 건 엄마의 얼굴을 봤던 경험이 있었기 때문이야. 그래서 나는 내 상상력을 믿어. 우리 엄마의 눈은 늘 부드러운 빛을 내는 것만 같았어. 코는 오뚝하고, 입은 늘 미소를 띠고 있었지. 지금은 우리 엄마가 참 많이 보고 싶다. 우리 엄마……

나는 만약에 내 앞에 아름다운 나무와 꽃이 있다면 그것들을 내 마음속에 새겨 넣을 수 있어. 그리고 그 나무와 꽃이 없어졌다가 다시 나타나도 나는 내 마음속에 새겨 넣은 그 인상을 돌이킬 수 있어. 이런 걸 항상성이라고 한대. 항상 변하지 않는 성질이라는 뜻이야.

그리고 정합성이라는 것도 있어. 정합성은 꼭 이치에 맞는 성질을 말하는 거래. 만약에 식탁에 빵을 올려놓고 한 달 정도 여행을 다녀왔다고 생각해 봐. 집을 비운 동안 빵은 어떻게 되어 있을까? 맞아. 곰팡이가 펴서 먹을 수 없게 되어 있을 거야. 그게 이치에 맞는 거잖아, 그치? 우리는 빵이 상했다는 것을 아주 익숙하게 받아들이곤 해. 여행을 가 있는 동안 빵을 지켜보지도 않았으면서 말이야. 그건 그 전에도 비슷한 경험을 했었으니까 변해 있을 거라는 생각을 할 수 있는 거지. 내가 우리 엄마 얼굴을 떠올릴 수 있는 것도 바로 그러한 경험이 있었기 때문일 거야. 그런 엄마의 모습을 떠올리며 아빠를 보살피는 거라고.

집안일이 싫지는 않아. 은근히 재미있는 구석도 있고. 예를 들면

싱크대랑 가스레인지를 윤이 반짝반짝 나게 닦아 놓았을 때의 보람이란…… 뭐라 말할 수 없는 기쁨을 느끼기도 해. 보송보송한 빨래를 갤 때의 느낌도 좋고. 파를 송송 썰 때 칼이 도마에 닿는 소리나, 막 끓기 시작한 냄비의 물소리를 들을 때, 김이 모락모락 올라오는 뜨거운 국물을 한 순가락 떠 넣을 때의 목이 아프면서도 싸한 맛 같은 건 특별한 경험이거든.

이상한 건 말이야, 매일같이 밥을 하고 국을 끓이고 반찬을 해도 그게 다 다르다는 거야. 똑같은 건 하나도 없어. 심지어 밥 한 순갈마다 맛도 다른 것 같아. 사과 한 쪽을 먹어도 방금 씹어 삼킨 사과랑 지금 씹고 있는 사과랑 맛이 다르다고.

너만 해도 그런걸. 어제의 너와 오늘의 네가 같은 고구마라는 걸 어떻게 알지? 어제의 나와 오늘의 나는 조금이라도 변한 게 아닐까? 겉으로는 변함없을지 모르지만 완전히 똑같은 건 아닌 것 같아.

말이 나왔으니 말인데 네 비밀은 뭐니? 물만 먹고도 어떻게 이렇게 싱싱한 잎을 피워 올릴 수가 있니? 난 키가 안 커서 고민인데 넌 하루가 다르게 새잎이 나오잖아. 처음 너를 반으로 잘라 물에 담가 놓고 며칠 잊고 있다가 너를 보고 놀랐던 생각이 난다. 진짜 장난 아니었어. 새끼손톱만한 새잎이 줄기에 바글바글 달려 있었으니까. 그때부터였나 봐, 너에게 내 이야기를 하게 된 건.

참, 내가 너랑 이야기를 나누는 건 우리만의 비밀이야. 아빠가 알았다간 무지 골치 아파진다고. 자기도 끼워 달라는 둥, 무슨 얘기를 했냐는 둥, 자기한테는 수리가 아무 말도 안 한다는 둥, 진짜 귀찮게 할 게 틀림없으니까.

난 차라리 아빠가 다른 아빠들처럼 고구마랑 무슨 얘기를 하냐고 시큰둥해했으면 좋겠어. 내가 뭘 하든 아빠는 언제나 과잉 반응이잖아. 네가 나한테 말을 했다고 해도 아마 믿을걸. 지나가던 참새가 웃었다고 해도 믿을 거야. 오늘 급식에 나온 메추리알이 춤을 추었다고 해도 아빠는 믿을 거야.

그런데 아빠는 왜 나를 무조건 믿어 주는 걸까? 아들이어서? 아빠가 믿어 주는 것도 불만이냐고? 그런 게 아냐. 단지 내가 뭘 해도 야단도 치지 않고 잘 들어 주기만 하니까, 그냥 나한테 진짜 관심이 없는 건 아닐까, 날 덜 사랑하는 건 아닐까 해서.

복에 겨운 거라고? 하긴 그럴지도 몰라. 사람마다 경험이나 느끼는 게 다르니까. 그런데 왜 다들 그렇게 똑같아지려고 하지? 수리야! 나는 말이야, 가끔 학교에 가는 게 너무 힘들어. 그러니까 내가 엄마가 없으니까…… 애들이 가끔…… 아냐. 나보다 불행한 애들도 많을 텐데, 뭐. 자기 아빠한테 매일 맞는 애들도 있대.

그러니까 이런 얘긴 아무한테도 하지 않아. 너한테만 하는 거야. 아빠한테도 하지 않았어. 특히 엄마 얘긴. 엄마 없는 애라고 애들이 날 놀렸다는 걸 아빠한테 어떻게 말할 수가 있겠어. 그건 아빠를 너무 슬프게 할 거야. 아빠를 슬프게 하느니 차라리 친구 따윈 없는 게 나아.

그럼 난 평생 혼자일까? 아무도 이해해 주는 친구도 없이? 아빠도 처음엔 그랬대. 그런데 기적처럼 엄마가 나타났대. 그래서 아빠는 자기한테 엄마가 나타났던 것처럼 나한테 누군가 나타나기 전까지 대신 있어 주는 거래. 그러니까 친구 말이야.《어린왕자》에 나오는 여우 같은 친구!

그럼 그 친구는 내가 하는 말을 이해해 줄까? 하늘이 똑같이 파란 게 아니라 파랗기도 하고 푸르스름하기도 하고 시퍼렇기도 하다는 걸 알아줄까? 장미가 모두 똑같은 게 아니라 꽃잎도 줄기도 색도 향기도 저마다 조금씩 다르다고 하면 진지하게 받아들여 줄까?

하긴 내 생각과 마음을 모두 다 알아주는 사람은 없을 거야. 나도 나를 모르는데 다른 사람에게 다 알아 달라는 건 무리겠지? 세상에 똑같은 건 하나도 없다는 게 나만의 생각은 아닐지도 몰라. 다들 알면서도 귀찮으니까 오늘 내일 다 똑같이 살아가는 건지도 몰라. 근데 나는 그게 너무 힘들어. 똑같지 않은데 똑같다고 여기면서 살아야 하는 게.

아빠는 내게 친구가 없다고 걱정하지만 마음을 나눌 수 없는 친구는 싫어. 그런 억지 친구는 없어도 괜찮은걸. 그리고 수리 네가 있잖아. 그러니까 아직은 혼자라도 괜찮아.

3 세상에 하나뿐인 너

"뭐가 괜찮아?"

"아빠, 뭐야! 다 큰 어른이 땡땡이나 치고!"

"아냐, 아냐. 나 땡땡이 친 거 아냐. 일하고 왔어."

"일?"

"응, 바느질 모임에서 알게 된 아줌마들이 요즘 단골이 돼서 여기저기 배달 다녀왔단 말이야."

"그래? 그래도 문은 잠그고 가야지. 아무리 훔쳐 갈 게 없다지만."

"아! 내가 문 열어 놓고 갔니? 이상하다. 분명히 잠갔는데."

이렇다니까요. 아빠의 건망증이란 정말 점점 심해지기만 합니다. 지난번에도 가스레인지에 물을 올려놓은 채 바느질을 하다가 냄비를 홀라당 다 태운 일이 있었지요. 그건 내가 제일 아끼는 냄비였단 말이에요. 같은 상표를 산다고 해도 다른 냄비인걸요. 그동안 내가 길들이고 정을 붙인 시간이 얼마인데요. 세상에 하나뿐인 냄비였다고요.

어찌나 화가 나는지 아빠한테 바느질만 하든지, 물만 끓이든지, 두 가지를 동시에 하지 말라고 있는 대로 신경질을 냈죠. 아빠는 제 눈치 보느라고 3일 동안 부엌엔 얼씬도 하지 않았다니까요.

"아, 늦었다. 슈퍼 세일 시간인데."

"오늘 저녁은 뭔데?"

"헤헤, 비밀! 갔다 올게."

나는 신나게 시장으로 갑니다. 조금만 늦어도 좋은 물건은 동이 나거든요. 사람들은 마트다 뭐다 해서 큰 곳으로만 가지만 진짜 장을 보는 재미는 동네 시장이 최고거든요. 싸지요, 원하는 만큼만 살 수 있지요, 덤을 얻는 재미도 있지요, 사람의 정이 담뿍 느껴지거든요. 가게마다 다른 물건, 다른 사람들, 파는 방법도, 사는 방법도 다들 제각각이지요. 똑같은 건 하나도 없어요. 달라서 너무너무 재미있어요.

"어머, 이오야! 오늘도 혼자 시장 보는 거야?"

'돈돈 정육점' 아줌마네요. 민지라고 두 살 된 딸이 있는데 오늘은 안 보이네요. 할머니가 보고 계시나 봐요. 삼겹살 사러 가면 김치찌개 끓일 때 쓰라고 덤으로 돼지고기를 더 넣어 주시곤 하지요. 여기 생삼겹은 진짜 최고예요. 고기랑 비계가 적당히 섞여 있고 두툼하게 썰어 주셔서 씹는 맛이 끝내 주거든요.

"요, 이오! 지난번에 풋고추 사 간 거 아직 남았냐?"

'싱싱 야채 가게' 형이에요. 인심이 후해서 언제나 듬뿍 주시죠. 아직 결혼 못한 노총각인데 술 먹고 주사 부리는 것만 좀 어떻게 고치면 참 좋을 텐데. 여기저기서 중매도 서 주시는데 그놈의 술 때문에 번번이 딱지 맞나 봐요. 원인을 알면 고칠 법도 한데 그게 마음대로 되는 건 아닌가 봐요.

"아빠는 여전하시냐? 나중에 한잔 하자고 전하렴."

'바다의 고향' 생선 가게 할아버지예요. 자기 사위 삼았으면 좋겠다고 늘 호시탐탐 우리 아빠를 노리고 있지요. 작년에 할아버지 딸이 이혼을 했거든요. 아줌마에겐 딸이 하나 있는데 저랑 동갑이래나 그렇대요. 할아버지는 오래전에 할머니가 돌아가셔서 딸 하나 키우는 보람으로 살았는데 그 딸이 잘 살지 못한 게 배우지 못한 자기 탓이라고, 작년부터 부쩍 술이 느셨어요.

"이오야, 잠깐 들어와 봐. 오늘 머핀이 너무 맛있어. 몇 개 줄 테니 가져가."

'봉봉 베이커리' 누나예요. 빵집 이름이 우리 꽃집 이름만큼이나 특이하죠? 주변 사람들 평가로는 특이하기보다는 촌스럽다고 이름 바꾸라고 다들 한마디씩 했는데 정작 본인은 꿋꿋하다니까요. 누나 이름이 봉자인데다가 봉은 프랑스어로 '좋다'라는 뜻이래요. 자꾸 부르니까 쉽고 편하고 정감 있어서 이젠 다른 이름은 생각도 할 수 없을 정도예요. 누나의 머핀은 입에서 살살 녹는 맛이 그만이죠. 특히 제가 좋아하는 건 당근 머핀이에요. 아빠는 치즈 머핀을 좋아하고요.

"이오야, 장 보러 왔구나. 기특하기도 하지!"

'엄마 솜씨' 반찬 가게 할머니예요. 할머니의 손맛은 타의 추종을 불허하지요. 우리 동네에서 음식 맛으로는 둘째가라면 서러워할 '돈돈 정육점' 아줌마도 '엄마 솜씨' 할머니 앞에서는 무릎을 꿇는다니까요. 아빠는 특히 게장을 좋아하는데 아, 그 맛이란! 한

내가 자꾸 변해요

몸이변해요… 감정이 … 변해요
경험하고… 배우고 …, 익히고…

30년쯤 제가 열심히 연구하고 따라하고 연습하면 비슷한 맛이라도 낼 수 있을지 어떨지. 그런데 아무리 요리조리 물어도 비결은 절대 안 가르쳐 주시지 뭐예요. 나중에 전수할 사람이 나타나면 그때 알려 주신다나요. 정말이지 누가 후계자가 되든지 그 맛이 끊어지지만 않았으면 좋겠어요.

시장 안에 무릎을 맞대고 앉은 듯 옹기종기 모여 있는 작은 가게들이지만 신기하게도 겹치는 게 하나도 없어요. 물론 정육점도, 야채 가게도, 생선 가게도, 빵 가게도, 반찬 가게도 여러 개지만요, 맛이 다 다른걸요. 파는 물건이 비슷하다 해도 똑같은 건 아니에요.

참 신기하지요? 아빠는 세상에 사람 숫자만큼 다양한 경험과 감각과 느낌이 있다고 했어요. 똑같은 것도 사람마다 다르게 느끼기 때문에 그건 다른 것과 마찬가지라고요. 그래서 수많은 장미 중에서 자신의 장미가 특별한 어린왕자 이야기를 아빠는 그렇게 좋아하는 걸까요? 하긴 같은 책이라도 아빠가 읽어 줄 때마다 느낌이 달랐고, 내가 읽을 때마다 감동이 새로우니 같은 어린왕자라도 매번 똑같은 것은 아닌가 봐요.

왜냐하면 '나'라는 사람이 계속 변하니까요. 우선 몸이 변해요. 어렸을 때랑 비교하면 나는 키도 쑥쑥 자랐고 살도 조금 더 쪘으니까요. 내 생각도 계속 변해요. 감정도 자꾸 변하지요. 어떤 때는 기뻐서 막 웃다가도 곧 슬퍼지기도 하고, 화가 나다가도 즐거워지기도 하니까요. 시간이 지나면서 나는 계속 많은 것들을 경험하고 배우고 익혀요. 그래서 내가 계속 변하는 건 아닐까요? 흄이라는 사람은 자아를 '극장'이라고 했대요. 그것도 '무대 없는 극장'이요. 이 극장에서 우리의 감각들은 일정한 역할을 하다가 금방 사라지니까요.

"오징어, 오징어, 물 좋은 오징어가 두 마리 천 원. 지금부터 딱 5분간만 천 원에 드립니다. 동해 바다에서 오늘 건너온 싱싱한 물 오징어. 두 마리 천 원!"

아, 다행히 늦지 않았네요. 이제 막 세일을 시작했어요. 자, 돌진! 오징어를 잡아라! 다음은?

"감사합니다. 감사합니다. 사과 세일 들어갑니다. 마구마구 들어갑니다. 공기 좋고 햇빛 좋은 영주 사과가 5개 3천 원, 5개 3천 원, 오늘의 특가 세일! 놓치면 후회합니다. 오늘만 특별히 이 가

격에 팝니다. 빨리빨리 오세요. 영주 꿀사과 5개 3천 원!"

집에 과일이 있던가? 지난번 장 봤을 때 사다 놓은 배가 하나 남았고, 어제 단골손님이 준 감이 다섯 개…… 아! 오늘 아침에 아빠랑 두 개 깎아 먹었지. 사과를 살까, 말까? 고민입니다. 아무리 싸다고 해도 함부로 돈을 쓸 수는 없지요. 집에 과일이 남아 있긴 하지만 그래도 아빠는 사과를 좋아하니까 살까요?

전 슈퍼 아저씨가 세일하는 목소리를 듣는 게 좋아요. 물건마다 다른 멘트를 하시거든요. 언제 그런 걸 다 생각하는지 놀랍다니까요. 높낮이, 어조, 장단, 내용, 물 흘러가듯 청산유수이면서도 지루하게 반복되거나 겹치지 않는 센스! 정말 대단해요.

결국 제 양손은 오늘도 무겁습니다. 여기저기서 얻은 것도 꽤 되지요. 사실은 그 재미에 시장 오는 거죠, 뭐. 제가 오면 모두들 하나라도 더 주시거든요. 아빠는 영 숙맥이어서 깎을 줄도 모르고 흥정할 줄도 모른다니까요. 이렇게 다양하고 재미있는 세상인데 말이에요.

저녁을 먹고 아빠는 다시 꽃집으로 갑니다. 10시까지는 가게를 열거든요. 저는 설거지를 하고 밀린 빨래랑 청소를 하지요. 숙제하고 책 한 권 읽고 나면 하루가 금방이에요. 아, 수리를 데려오는 걸 잊었네요. 아침에 가게에 맡겨 놓았다가 학교 끝나고 집에 오는 길에 데려오지요. 동생이라도 되냐고 처음엔 아빠가 무지 놀렸어요. 하지만, 하지만, 아무리 고구마라고 해도 혼자 있으면 외롭고 심심하잖아요.

아빠는 바느질 삼매경에 빠져 있습니다. 밤엔 손님이 없어서 한가한 편이지만 그래도 요즘 너무 심하게 빠져 있는 거 같아요. 그거 해서 뭐 하려고 하냐니까, 문화센터 끝날 때쯤 전시회를 한다나요. 음~ 석 달 코스니까 이제 두 달 남았네요. 덕분에 우리 집에 있는 옷들이 싸악 정리가 되었지요. 아빠가 쓸 만한 옷감 찾는다고 이 잡듯 골라냈거든요. 결국 쓸 만한 게 없어서 동대문 시장까지 가서 옷감을 새로 사 오긴 했지만요. 결 고운 삼베나 옥양목 같은 거요.

수리는 장미랑 백합이랑 국화 사이에서 조용히 생각에 잠겨 있습니다. 아빠는 참, 얘를 하필이면 왜 여기에 놓아두었는지……. 화려한 꽃 사이에서 수더분한 고구마 잎은 어색하잖아요. 그래도 저는 한눈에 수리를 알아보지요. 어디에 있어도, 어떤 모습으로 있어도, 수리는 수리니까요. 세상에 단 하나뿐인, 나의 아름다운 고구마니까요.

항상성과 정합성

　흄은 상상력을 검토하기 위해 먼저 우리의 경험이 가진 성질을 연구합니다. 왜냐하면 신념이 생기기 위해서는 먼저 감각에 의한 경험이 일어나야 하기 때문이지요. 물론 감각 혼자의 일은 아니지만 신념은 감각에 그 기반을 두고 있음이 틀림없을 테니까요. 다시 말하면 감각 경험은 신념을 갖게 하는 충분조건은 아니지만 필요조건이 됩니다. 그래서 흄은 우리의 신념은 감각적 성질의 도움 없이는 불가능하다고 말하지요. 흄이 생각하는 감각의 성질은 항상성과 정합성이라 할 수 있어요.

　항상성이란 우리의 경험이 어떤 통일된 것으로 나타난다는 것인데, 이것을 다음과 같은 예를 통해서 설명할 수 있어요. "지금, 내 눈앞에 보이는 저 산들과 강들, 그리고 나무들은 항상 같은 순서로 내게 나타난다. 눈을 감거나 고개를 돌림으로써 그것들이 내 시야에서 사라졌을지라도, 나는 곧이어 그것들이 조금의 변화도 없이 내 앞에 다시 나타나는 것을 발견한다."

우리가 산을 등지고 강을 앞에 두고 있는 하얀 집을 멀리서 본다고 하면, 우리는 강과 산 사이의 하얀 집을 보면서 우리의 시각을 통해서 여러 가지 인상을 받아들이게 되지요. 그러다가 잠시 고개를 돌려 다른 곳을 보다가 다시 그 집을 보아도 여전히 조금 전에 받았던 인상들을 받게 됩니다. 다시 말하면, 우리는 감각을 통해서 일정한 관계를 가지고 대상을 보게 되는 것이지요. 보는 사람과 그 대상 사이에 보이는 성질이나 관계가 변하지 않는 것입니다. 이것을 흄은 항상성이라 해요.

항상성과 함께 우리가 경험하는 것을 가능하게 해 주는 것이 정합성의 원리입니다. 정합성 역시 우리가 물리적 대상들에 대한 신념을 가능하게 해 주는 원리로서 경험하는 개인들의 변화에도 불구하고 대상의 변화는 규칙적으로 일어나고 있다는 것을 말해 주지요. 흄은 정합성에 대해서 다음과 같은 예를 듭니다.

"한 시간 동안 자리를 비운 다음, 내 방으로 되돌아왔을 때, 나는 화롯불이 내가 떠났을 때와 같은 상태로 남아 있지 않는 것을 발견한다. 그러나 나는 다른 경우들에서 내가 자리에 있든 없든, 가까이 있든 멀리 있든 간에 같은 시간에 일어나는 같은 변화를 보는 것에 익숙해 있다."

우리가 물리적 대상들이 직접 변화하는 것을 관찰하지 않아도 그들이 변화하고 있음에 대해서 매우 익숙하게 판단하는 것과 같은 것이지요. 일정한 시간이 지나고 공간이 바뀌어져서 일어나는 변화에 대해서 우리의 경험은 일정한 것으로 받아들이지요. 가족이 며칠간 여행을 하고 돌아와 보니 식탁의 빵이 상해 있는 경우, 우리는 집을 비운 동안 빵이 상했음을 알게 되고 그러한 사실을 익숙하게 받아들이지요.

위와 같이 보았을 때 물리적 대상들은 실제로 우리의 경험으로부터 무수한 공백과 중단을 보이지만 항상성과 정합성이라는 성질을 갖고 있지요. 우리의 상상력은 이러한 성질을 알고 물리적 대상들이 존재하고 변화하고 있다는 신념을 갖게 하고 여기서 생긴 신념은 우리로 하여금 그 대상에 대해서 알게 해 주는 토대가 되는 것이랍니다.

자아의 관념

흄은 '나' 혹은 '자아'의 관념이 존재하지 않는다고 말할 수 없다고 합니다. 왜냐하면 실제로 행동하고 생각하는 '나'라는 존재가 있기 때문이지요. 우리는 한 사람에게 있어서 자아가 일생을 통해서 하나의 동일한 것으로 지속한다고 믿고 있지 않나요? 흄은 우리가 어떻게 그러한 신념을 갖게 됐는지 묻는답니다.

합리론의 창시자 데카르트는 '나' 또는 '자아'를 '생각하는 나'로 보지요. 그는 자아를 분명한 것으로 확신하여 "나는 생각한다, 고로 존재한다"는 말을 하고 있어요. 내가 TV를 보거나 축구장에 가 응원을 하려면 내가 확실하게 존재해야 하니까! 생각해 보면 '나'라는 것이 없는데 '내'가 어떻게 '대~한민국, 짝짝짝 짝짝'을 외칠 수 있겠어요? 그래서 무엇을 보든지, 어디에 가든지, 그리고 무엇을 상상하든지, 나는 존재해야 하는 것이지요. 이 말은 모든 경험의 기초에 '나'라는 확실하고 움직이지 않는 똑같은 존재가 있어야 한다는 주장이지요.

데카르트에게 있어서 '나'라는 것은 생각하는 '나'이며, '나'는 생각하기 때문에 존재하게 된다는 겁니다. 그러므로 데카르트에게 있어서 '생각하는 나'는 철학을 위한 기본 원리가 되지요.

데카르트와 대립되는 입장인 경험주의자 흄은 '자아'의 문제를 다르게 생각합니다. 흄에게 있어서 관념이 있으려면 먼저 그에 대한 인상이 있어야 하기 때문에 '나' 혹은 '자아'라는 관념이 생기려면, 먼저 그에 대한 인상이 있어야 하지요. 그런데 이 '나'라는 존재는 항상 동일한 존재여야 해요. 즉 어제, 오늘 그리고 내일의 '나'가 같은

'나' 여야 하지요. 만약 어제의 '나' 가 오늘의 '나' 와 다르다면 우리
는 '나' 에 대해서 더 이상 이야기할 수 없게 되기 때문이지요. 다시
말하면 '나' 라는 관념은 확실하고 또한 지속적으로 같은 관념이어야
하지요.

그런데 지속적인 '나' 라는 것은 문제가 있습니다. 왜냐하면 '나' 라
는 존재는 수시로 변하기 때문이지요. 우선 나의 신체만 해도 그래
요. 어렸을 때의 나와 오늘날의 나의 신체는 서로 너무나 다르지요.
그리고 앞으로는 얼마나 더 달라질 것인가요? 더구나 정신이나 감정
도 결코 동일하지 않지요. 나는 어쩔 때는 웃다가도 슬픔에 잠길 수
가 있으며, 또 언제 그랬냐는 듯이 기뻐 날뛸 때가 있어요. 이렇듯 나
의 감정은 흐르는 물처럼 쉴 새 없이 변해요. 정신도 또한 마찬가지
아닌가요? 시간이 지나면서 많은 것을 배우고 습득하여 나의 정신은
매일 풍부해지고 있지 않나요? 또 나의 태도는 어떤가요? 친구와 싸
울 때, 나는 일상의 내가 아닌 것처럼 화를 내지 않나요? 이렇게 보면
자아라는 것 역시 항상 변하고 있는 것이라고 해야 하지 않을까요?
그렇다고 해서 자아가 존재하고 있다는 것을 흄은 거부하지 않고 있
어요.

그러면 흄은 지속하면서도 항상 변하고 있는 것 같은 자아를 어떻게
설명할까요? 흄은 자아를 서로 다른 지각의 다발이나 묶음 같은 것

이라고 주장합니다. 위의 예에서 보듯이 나의 신체, 정신과 감정, 그리고 태도는 끊임없이 변하고 흘러가는 하나의 흐름과 움직임 같은 것이지요.

  나는 시시각각 변화하는 감정과 생각에 시달리면서도 내 자신을 일정한 '자아'라고 생각해요. 그래서 흄은 이것을 비유해서 자아를 일종의 '극장'이라고 했어요. 그것도 '무대 없는 극장'이라고요. 이 극장에서는 여러 가지 지각들이 나타나서 일정한 역할을 하고 다시 사라지는 역할을 해요. 흄이 말하는 나의 무대에서는 인상이나 관념이라는 연기자들이 연기를 하고 다시 사라지지요.

  결국 '나'라는 것은 다양한 인상을 받아들여서 다양한 관념을 만들어 가는 극장의 무대와 같은 역할을 하고 있다고 보지요. 흄에 의하면 적어도 '내'가 살아 있는 한 '나의 무대'는 계속될 것이니까요.

2

동갑내기 친구하기

조화를 이루는

삶

 '조금만 철학적 눈을 가지고 인간사를 바라보면 다수가 너무나 쉽게 소수에 의해 지배되고 있다는 사실에 놀라게 된다.

— 데이비드 흄

1 나무 할머니

학교에 가지 않는 토요일입니다. 아빠랑 같이 꽃집을 봅니다. 아빠는 나가서 놀라고 하는데 전 꽃들이 좋은걸요. 하나하나 다른 모습, 다른 향기를 천천히 음미하면서 구경하는 재미가 얼마나 쏠쏠하다고요.

아빠는 아까부터 신음 소리를 내며 괴로워하고 있습니다. 이번에는 또 뭔가 하고 힐끗 봤더니 줄 하나를 부여잡고 끙끙대고 있네요. 도리 매듭인지 뭔지를 한다는데 할 때마다 다른 모양이라고 머리를 쥐어뜯고 있습니다. 아빠도 참, 그러게 잘 좀 배워 오지.

"거기서 오른쪽으로 돌려야지요."

어라? 아빠랑 나는 난데없는 목소리에 깜짝 놀랐습니다. 손님이 온지도 모르고 있었나 봐요. 글쎄, 이렇다니까요. 곱슬곱슬한 은 발에 물방울무늬의 머릿수건을 하고, 바구니를 든 할머니가 아빠의 손에 잡힌 매듭을 잡아 주고 있었습니다.

"천천히, 오른쪽으로, 다시 왼쪽으로. 옳지, 잘했네!"

아빠의 얼굴이 환해졌습니다. 내가 독서 감상문으로 상 받아 왔을 때보다 더 환한 얼굴입니다. 아빠의 손에는 동글동글 예쁜 매듭이 만들어져 있네요.

"아! 신기하네. 할머니도 매듭을 아시나 봐요?"

"이게 할수록 재미있고 신기하다우. 박쥐 매듭이랑 국화 매듭이랑은 할 줄 아나?"

"거기까진 아직……. 사실은 요 앞 문화센터에서 조각보를 배우고 있는데……."

아아아! 또 시작입니다. 아빠의 수다 말이에요. 도대체가 때와 장소와 사람과 동식물을 가리지 않는다니까요. 하고 싶은 말이 있으면, 누구한테라도 무엇한테라도 하고야 마니까요. 특히 지금 빠져 있는 것에 대한 이야기를 할 때면 상대방이 누구든 십년지기 친구한테 말하는 것 같다니까요.

사실 내가 수리한테 말하는 것도 아빠의 영향이 크다고요. 아빠는 엄마 사진을 보면서도, 식물들에게 물을 주거나 잎을 닦아 주면서도, 심지어 집 앞의 돌멩이한테도, 동네 고양이한테도, 언제나 말을 거니까 나도 그게 이상하게 생각되지 않거든요. 혼잣말이라고 생각하지 않아요. 음, 일종의 대화라고나 할까.

아빠는 아예 할머니를 의자에 앉힌 후 몇 번이고 다시 매듭을 해 보이고 있습니다. 고개를 끄덕이며 '그렇군! 그렇군!'을 연발하면서요. 저렇게 엉뚱한 우리 아빠를 귀찮아하거나 이상하게 생각하지도 않고 다정하게 대해 주는 할머니에게 차라도 한 잔 드려야 할 것 같네요. 수리야, 너도 시원한 물 한 잔 줄까?

"어머나, 이렇게 예쁘고 멋진 고구마라니! 이건 파는 게 아닌 것 같은데. 네 친구니?"

"아? 어? 에? 네."

"아, 그렇구나. 어쩐지 너무너무 사랑 받고 있는 고구마다 싶었지."

난 갑자기 가슴이 뛰었습니다. 수리를 한눈에 알아봐 주다니! 수많은 손님이 오지만 수리를 알아본 사람은 한 사람도 없었거든요. 보고도 무심코 지나치거나 있어도 없는 듯 수리의 존재는 그들에게 전혀 중요한 게 아니었으니까요. 할머니는 어느새 수리 앞에서 요리조리 들여다보고 있습니다.

"어쩜, 이렇게 귀여운 잎새들일까! 어머, 여기 또 새순이 돋았네. 꼭 아가의 이 같구나. 세상에! 이 건강한 줄기 좀 봐. 시든 게 하나도 없네. 앤 이름이 뭐니?"

전 또 한 번 가슴이 뛰었습니다. 고구마 이름을 물어보다니요! 도대체 이 할머니는 누구일까요?

"수리예요."

"수리, 오호! 멋진 이름이구나. 딱 맞아. 더 이상 가는 이름이 없을 정도로 잘 어울리는 이름이야. 그러고 보니 꽃집 이름도 딱이네. 어린왕자가 바로 너였구나."

아빠는 얼씨구나 신난 얼굴입니다. 가게 이름이 나오기만 하면 아빠 주변으로 꽃그림이 그려지는 것 같다니까요.

"지나가다가 꽃들이 유난히 예뻐서 들어와 봤다우. 다른 꽃집이랑은 다른 게 있었거든. 진심으로 꽃을 사랑하는 마음이랄까…… 어느 것 하나 소홀한 게 없더구먼."

"할머니는…… 누구세요?"

내 질문에 할머니는 잠깐 고개를 숙이고 생각에 잠겼습니다. 너무 무례한 질문이었을까요? 하지만 고개를 든 할머니는 빙긋 웃으며 상냥한 목소리로 말했습니다.

"내가 누구냐고? 세상에서 가장 어려운 질문을 하는 아이로구나. 내가 누구인지 말할 수 있는 사람이 있을까? 그럼 말해 보렴. 넌 누구니?"

"전 이오인데요."

난 점점 호기심이 생겼습니다. 눈이 반짝반짝 빛나는 이 할머니는 도대체 누구지? 생기 넘치는 붉은 뺨을 한 이 할머니는 도대체 누구지? 어린아이처럼 천진한 얼굴을 하고 있는 이 할머니는 도대체 누구지?

"아! 나무 할머니! 맞죠?"

갑자기 아빠가 소리쳤습니다. 그리고는 커다란 발견이라도 한 듯 할머니 앞으로 껑충껑충 뛰어왔습니다. 아무리 내 아빠지만 제발 다른 사람들 앞에서는 저렇게 좀 뛰지 않았으면 좋겠어요. 달나라 토끼뜀이라고 자기가 이름까지 붙여 놓은 건데요, 옆으로 높이뛰기를 하는 것처럼 뛰어오는 거거든요. 진짜 웃기다고요.

아니나 다를까, 아빠의 옆으로 뛰기를 본 할머니는 웃음을 터뜨

리고 말았습니다. 아빠는 뭐가 좋은지 할머니 손을 붙잡고 마구 흔들기까지 하지 뭐예요.

'근데, 나무 할머니라고? 왜 나무 할머니일까? 분명히 무슨 이유가 있을 텐데…….'

저는 이상한 별명을 가지신 그 할머니를 다시 한 번 보았어요. 분명 무슨 원인이 있었기 때문에 이런 별명이 생긴 거라고 생각했거든요. 모든 존재들을 보면 원인이나 결과로 여겨질 수밖에 없는 관계로 맺어져 있다는 걸 알고 있었거든요. 할머니와 나무도 분명히 관련이 있을 거예요. 예를 들어 '나무를 좋아하는 할머니이기 때문에 나무 할머니라는 별명을 얻었다'라는 식의 원인과 결과가 있는 것이지요. 아직은 잘 모르겠어요. 계속 고민을 해 봐야 할 문제인 것 같아요.

"하하하! 왜 진작 못 알아봤을까? 꼭 한 번 뵙고 싶었어요."
"사람들이 나를 그렇게 부르긴 하지요. 아하, 이 별엔 어린왕자가 둘이었구면."
아빠는 쑥스러운 듯 배시시 웃었습니다. 우잉? 아빠도 다 부끄러워할 때가 있구나. 그건 놀라운 발견이었어요. 아빠는 좀 멍한 데는 있어도 당황하거나 부끄러워하는 모습을 보인 적은 없었거든요. 그런데 지금은 마치 제 나이 또래의 아이처럼 보이는걸요.

"아, 그게! 진짜 어린왕자는 우리 이오지요."

할머니는 무슨 말을 하려다 말고 그냥 아빠를 다정하게 바라보기만 했어요. 그런데 참 이상하지요. 그 모습이 어찌나 아름답고 슬픈지 눈물이 다 나오려고 하지 뭐예요.

난 수리 옆에서 할머니랑 아빠가 다시 얘기를 나누는 걸 보고 있습니다. 아빠는 수줍어하면서도 자기가 바느질한 조각보를 보여 주고 있네요. 어? 저건 나도 처음 보는 건데. 다 만들기 전까지는 나한테도 안 보여 주겠다고 하던 건데. 할머니는 하나하나 들여다보며 감탄하고, 고개 끄덕이고, 다시 보고, 손으로 만져 보고, 여기는 이래서 좋고, 저기는 저래서 좋다고 말해 주네요.

나무 할머니!

아빠는 뭔가 아는 눈치인데 난 처음 듣는 이름입니다.

나무 할머니! 나무 할머니!

나무 심는 할머니? 나무 파는 할머니? 나무랑 말하는 할머니? 내가 고구마에게 말하는 아이인 것처럼 혹시 할머니도?

아빠는 칭찬 받는 아이처럼 '헤헤헤' 웃고 있습니다. 처음 만난 할머니인데 오래전부터 알고 있는 친구처럼 마음이 놓입니다. 할머니 앞에 선 아빠가 소년처럼, 아니 나보다 더 어린아이처럼 보이는 건 왜일까요? 난 두 사람에게 들리지 않을 정도의 작은 목소리로 수리에게 소곤댔어요.

수리야, 정말 이상해. 나무 할머니는 마음을 무장 해제시키는 기술이라도 알고 있는 걸까? 너도 알지? 아빠가 아무한테나 상냥한 것 같아도 사람한테 은근히 까칠한 거. 그래서 친구가 엄마밖에 없었잖아. 가리지 않고 아무것이나 잘 먹는 것 같아도 맛없는 건 절대 안 먹는 까탈인 거. 그래서 아빠랑 외식하기가 너무 힘들잖아. 그런데 저 아빠 모습 좀 봐봐. 진짜 좋아하는 얼굴이잖아. 진짜 웃는 얼굴이잖아. 참 신기하다, 그치?

2 소풍

나무 아래입니다. 돗자리도 깔았습니다. 맛있는 차와 샌드위치도 있습니다. 하늘은 '아무 일 없다는 듯 안심한 파란색'입니다. 그냥 파란 하늘이 아니냐고요? 천만의 말씀! 오늘 토요일 오후의 하늘은 그냥 파란색이 아닙니다. '아무 일 없다는 듯 안심한 파란색'이라니까요. 지난주 토요일의 하늘은 '조금 심심하고 지루한 파란색'이었습니다. 달라도 너무 다르다니까요.

30분 전만 하더라도 우리는 꽃집 안에 있었는데 아빠가 갑자기

소풍 가자고 하면서 가게 문을 닫아 버렸습니다. 나무 할머니가 돌아가고 난 후 5분쯤 되었을까요. 아빠는 갑자기 꿈에서 깬 표정으로, 십 년간 동굴에 있다가 막 나온 사람처럼, 눈부신 얼굴로, 이렇게 소리쳤습니다.

"그래, 소풍 가자!"

그래서 소풍 온 겁니다. 아빠는 바느질감을 챙기고 샌드위치를 만들고 차를 끓이고, 난 수리를 안으니 준비 끝! 수리도 가끔은 바깥바람을 쐬어 주어야 하니까요. 그런데 망설임 없이 무언가를 '척척' 하는 아빠는 처음 봤습니다. 내가 아는 아빠는 콩나물 무치는 것도 제대로 못하는 아빠였는데 이렇게 순식간에 맛있는 샌드위치를 만들어 내다니!

혹시 나 지금까지 아빠한테 속고 살아온 건 아닐까요? 자기가 다 할 수 있는데 못하는 척 나한테 다 시키면서 살아온 건 아닐까요? 지금까지 내가 알고 있던 아빠와는 전혀 다른 아빠가 아니었는지 심각하게 의심이 되더라니까요, 정말!

아빠는 또 바느질 삼매경에 빠져 있습니다. 나무에 기댄 채 한 땀 한 땀, 우스울 정도로 심각한 얼굴입니다. 그런 아빠를 보는 게 나쁘진 않습니다. 다른 아빠랑 좀 다르긴 하지만 다른 게 나쁜 건 아니잖아요? 공원 안 사람들이 신기하다는 듯 우리를 바라보는 것만 빼면 그럭저럭 즐길 만한 소풍입니다. 아빠랑 둘이 이렇게 나와 본 적이 얼마 만인지…….

그런데 나무 할머니 생각이 자꾸 납니다. 물방울무늬의 머릿수건이 참 잘 어울렸어요. 그건 뭐랄까, 내 마음속 깊은 곳에 하나의 인상으로 남았다고나 할까요. 처음 수리가 싹을 틔우고 줄기를 키우고 잎을 보였을 때만큼이나 강렬한 인상이었거든요.

그러고 보니 '인상적'이라는 건 갑자기 콱 다가오는 건지, 내가 원래 품고 있던 어떤 것이 외부 사물로 나타났을 때 놀라는 건지 모르겠네요. 내가 수리에 대해 갖고 있는 인상, 아빠에 대한 인상, 파란 하늘에 대해 받은 인상…… 그건 느낌 같은 것일까요? 더 이상 생각하려 해도 너무 어렵습니다.

"오! 오! 뭘 그렇게 고민하기에 인상 팍 쓰고 있어?"

"아빠! 인상적이라는 게 뭐야?"

아빠는 갑자기 바느질감을 내려놓더니 나를 빤히 바라봅니다. 아빠가 나를 바라볼 때는 뭐든 들을 준비가 되어 있다는 표시이지요. 내 얘기를 들어 줄 때 아빠는 결코 다른 일 같은 건 하지 않거든요. 하던 일도 그만두고 내 얘기만 듣지요.

"인상적?"

"응, 아빠는 뭐가 제일 인상적이었어?"

"그야 오현이 만났을 때랑 이오가 세상에 태어났을 때지."

오현은 우리 엄마입니다. 아빠는 아직도 엄마를 성까지 붙여 부릅니다. 아직도 아빠가 엄마를 잊지 않고 있다는 걸 알리기 위해서라나요. 아빠는 잠깐 먼 곳을 바라보는 표정입니다. 엄마를 생각하는 게 틀림없어요. 아빠가 엄마를 생각할 땐 언제나 부드러우면서도 슬픈 표정이거든요. 벌써 6년 동안이나 저 표정인걸요. 아! 그러고 보니 아까 나무 할머니가 아빠를 바라볼 때의 표정이 꼭 저랬는데.

"나무 할머니 말이야, 참 인상적이었거든."

"그랬어?"

"나무 할머니는 누구야?"

"나무 할머니는 나무 할머니지."

"아이 참! 그러니까 누군데."

아빠는 살짝 웃더니 가까이 오라고 손짓을 했습니다. 전 배를 깔고 누워 있다가 아빠한테 배를 밀면서 기어갔지요. 그리고는 냉큼 아빠의 무릎을 베고 누웠습니다. 아빠가 옛날이야기를 들려줄 땐 언제나 무릎베개를 해 주었거든요. 아빠는 내 머리를 살랑살랑 쓰다듬다가 귀도 잡아당겼다가 이마도 톡톡 칩니다. 하여튼 이야기를 시작하기 전에 꼭 딴 짓을 하는 것도 버릇이라니까요.

"아빠도 들은 얘기인데 나무 할머니는 나무에 대해서 모르는 게 없대. 나무랑 대화도 나눌 줄 안다는 소문도 있어. 나무가 하는 이야기를 알아듣는다나. 나무 할머니는 굉장히 아름다운 정원을 가꾸고 있는데 아직 제대로 구경해 본 사람은 없대."

"음…… 가족은 없어?"

"뮤라는 이름의 고양이가 한 마리 있지. 엄청나게 까다로워서 자기가 인간의 왕족쯤 되는 줄 안대. 그래서 나무 할머니를 빼고는 손도 못 대게 한다더라."

"아빠는 그걸 다 어떻게 알았어?"

"그야 동네 아줌마들한테 들어서지. 너, 세상에서 가장 막강한 정보력을 자랑하는 게 누군지 아냐? CIA도 FBI도 아냐. 동네 아줌마 군단이라고! 오늘 아침 우리가 뭘 먹었는지도 다 알고 있을걸."

"그거야 아빠가 미주알고주알 아줌마들한테 얘기하니까 그렇지. 오늘은 우리 이오가 말이지요, 또 이랬지?"

"앗, 그걸 어떻게 알았지? 하지만 네가 해 주는 밥은 정말 너무 맛있단 말이야. 자랑하지 않고는 견딜 수가 없는걸. 그렇게 맛있는 밥을 매일매일 먹어서 아빠가 얼마나 행복한지 모두에게 말하고 싶다고."

어떻게 이렇게 낯 뜨거운 대사를 아무렇지도 않게 하는지 정말 내 아빠지만 가끔은 적응이 안 된다니까요. 아무래도 드라마를 너무 보는 탓이라고요. 뭐, 칭찬이니까 어깨가 좀 으쓱해지는 것도 사실이지만요.

"그런데 이오에겐 어떤 인상이었어? 나무 할머니는?"

"음, 좋았어. 아냐. 그냥 좋다기보다는 왠지 오래전부터 알던 사람 같은 편하고 다정한 기분이랄까, 참 따뜻했어. 겨울에 추운 바깥에서 놀다가 집에 들어오면 엄마가 김이 모락모락 나는 유자차를 주곤 했잖아. 그거랑 비슷하게 달콤하고 고맙고 반갑고 향긋한 인상. 다른 할머니들한테서는 그런 인상 받은 적 없었는데, 이상하지?"

"아냐. 아빠도 그랬는걸. 오현이한테서 받았던 첫인상이랑 비슷해서 깜짝 놀랐지 뭐야. 다들 나무 할머니 얘기를 할 때는 뭔가 존경심이랄까, 그 비슷한 게 있어서 궁금했는데 만나 보니까 왜 그런지 알 것도 같아."

"응. 그런데 인상이라는 건 어떻게 생기는 거지?"

"그러게. 어떻게 생기는 걸까?"

아빠는 잠깐 생각에 잠겼습니다. 나도 생각에 잠겼지요. 저만치 내 발치에서 바람이랑 놀던 수리도 생각에 잠겼습니다. '아무 일 없다는 듯 안심하고 있는 파란색'의 하늘이 지금은 조금 미묘하게, '무슨 일이 생길 것만 같아 궁금해하는 파란색'의 하늘로 변했네요. 아빠가 기대고 있는 나무도 생각에 잠긴 표정으로 우리를 내려다보고 있습니다. 내 머리칼을 쓰다듬던 아빠는 천천히 말을 시작합니다.

"우리는 누구나 경험이라는 걸 하잖니? 아빠를 예로 들면, 아빠가 오현이를 처음 봤을 때라든가, 네가 이 세상에 태어나 처음 울음소리를 들었을 때라든가, 바느질할 때 잘못해서 바늘에 손가락을 찔린다든가, 혹은 지난번에 이오를 위해 맛있는 감자 수프를 해주려다가 실수로 냄비를 태워서 엄청나게 혼났다든가……."

"뭐야, 그건 아빠가 바느질에 정신 팔려서 그랬던 거지. 그 냄비 내가 엄청 아끼는 거였는데 아직도 새 냄비에 정이 안 든다고."

"그래도 아빠를 그렇게 몰아세우다니, 정말 너무했어."

하여튼 애라니까요. 아빠는 정말 섭섭했는지 내 귀를 잡고 마구 마구 문지릅니다.

"그래서? 사람들은 경험이라는 걸 하는데, 그 다음은 뭐야?"

"아, 그러니까 모든 일이 다 인상적인 건 아니잖아? 뭔가 힘 있고 강렬하게 들어올 때 인상적이라고 하지. 또 한 가지가 아니라 여러 가지를 한꺼번에 느끼기도 하고. 그래서 인상은 단순 인상과 복합 인상으로 구분할 수가 있지."

"와아아! 아빠, 선생님 같아."

"하하하! 내가 또 한다면 한다, 아니겠냐. 하하하!"

아~ 칭찬에 너무 약한 우리 아빠. 뭔 말을 못한다니까요.

"그런데 이건 아빠가 생각한 게 아니고 흄이라는 철학자가 말한 거야."

"흄?"

"18세기에 살았던 영국 철학자야. 흄은 꾸준하고 예리한 정신의 소유자였단다. 그는 많은 독서와 사색을 즐겼지. 흄은 인상과 관념을 구분해야 한다고 했어."

"흄이오?"

저는 아는 사람 이름이 나와서 놀란 듯이 물어봤어요. 흄에 대한
이야기는 예전에 아빠가 해 준 적이 있었어요. 그런데 우리 아빠
는 그걸 잊어버리셨나 봐요. 이런 적이 한두 번이 아니에요. 들었
던 얘기 또 듣고, 들었던 얘기 또 듣고…… 하지만 아빠의 이야기
는 들을 때마다 새로워요. 저는 재미로 아무 말도 하지 않고 아빠
의 이야기를 듣곤 한답니다.

"궁금하지? 아빠 얘기 계속 듣고 싶지? 흄 이야기 너무 재미있
을 것 같지?"

"알았어, 알았어. 냄비 태운 건 용서해 줄게."

"진짜지? 약속했다~?"

아빠는 어린애처럼 좋아합니다. 아빠한테 투덜댄다고 해서 이미
새까맣게 타 버린 냄비가 다시 돌아올 것도 아니고 한 번쯤 눈감
아 주지요, 뭐. 내가 조금 손해인 것 같지만 어쩌겠어요. 아빠는
이야기를 너무 재미있게 해 주는걸요. 게다가 흄의 이야기는 또
들어도 흥미진진할 것 같다고요.

3 맨발로 걷기

아빠랑 잔디밭을 걷습니다. 신발을 벗고 양말도 벗고. 맨발에 와 닿는 잔디의 감촉이 간지럽습니다. 아빠 손은 따뜻합니다. 아빠의 커다란 손이 내 손을 감쌉니다. 어렸을 때는 엄마 아빠의 새끼손 가락을 하나씩 꼭 잡고 걸었지만 엄마가 돌아가신 후부터는 아빠 의 손만 잡습니다. 아빠의 손을 잡으면 아빠의 마음과 하나로 이 어진 듯 든든합니다.

"아까 경험 이야기를 잠깐 했었지?"

"응. 아빠도 나도 다른 사람들도 매일 많은 경험을 하며 살잖아."

"그래. 그런데 경험하기 위해서는 뭐가 필요할까?"

아빠는 꼭 이렇다니까요. 뭔가 결정적인 이야기는 바로 해 주질 않고 내가 생각하게 합니다. 그래서 아빠랑 대화를 나누다 보면 일방적으로 이야기를 듣는다는 생각보다는 나도 같이 아빠랑 무언가 중요한 것을 하고 있다는 생각이 들어서 좋아요. 이번 질문은 좀 어렵지만 그래도 대답 못할 정도는 아니라고요.

"세상이 필요하지. 또 그것을 경험하는 나도 필요하고."

"그럼 우리는 세상을 있는 그대로 경험하는 걸까?"

"그건 아닌 것 같아. 내가 보는 거랑 아빠가 보는 거랑은 다를 수도 있잖아."

아빠는 빙그레 웃습니다. 잠시 말이 없던 아빠는 내 손을 꼭 잡더니 다시 이야기를 시작합니다.

"맞아, 사람은 누구나 경험이라는 것을 하는데 우리가 경험하기 위해서는 감각이 필요하겠지?"

"감각? 보는 시각, 듣는 청각, 냄새 맡는 후각 같은 거? 그러면 감각이 달라서 경험도 달라지는 거야?"

"그럴지도 모르지. 마음으로 느끼는 부분도 있겠지만, 어쨌든 흄은 우리가 경험하기 위해서는 감각에 들어오는, 경험에 필요한 직접적인 자료가 있어야 하고 또 그 자료를 마음속에 담는 그릇이 필요하다고 했어. 경험을 위한 직접 자료를 인상이라고 하고, 인상을 마음속에 떠오르는 상으로 만드는 것을 관념이라고 한단다."

"아빠! 그건 들을 때마다 어려운 것 같아."

"하하하! 그런가? 그럼 이오가 처음 B612에 들어왔을 때를 생각해 봐."

난 가만히 눈을 감고 그때를 떠올렸습니다. 엄마가 돌아가시고 난 후 아빠랑 나랑 둘이서 열었던 'B612'. 너무 감격해서 우리 둘이는 꼭 껴안고 울기까지 했으니까요. 작은 테이블, 화분들, 각양각색의 꽃향기, 보라색 덩굴장미가 그려진 한쪽 벽면…… 아빠는 내가 학교에서 집으로 돌아왔을 때 아무도 맞아 주는 사람이 없으면 얼마나 쓸쓸하겠냐며 회사를 그만두고 꽃집을 열었어요. 언젠가 엄마랑 둘이 하기로 했었는데 조금 일찍 하는 것뿐이라면서요. 그러고 보니 벌써 6년이나 되었네요.

"저런, 저런! 혼자만 추억에 잠기기야?"

아빠가 살짝 손가락을 꼬집습니다.

"지금 생각해도 생생하지?"

"응, 마치 어제 일 같아."

아빠도 잠깐 회상 모드. 우리는 그렇게 손을 잡고 말없이 걸었습니다.

"감각으로 들어온 인상은 마음속에 관념으로 남는 거란다. 지금 우리가 그때를 생각하는 건 인상이 아니라 우리 기억 속에 남은 관념이라고 할 수 있지."

"인상이랑 관념을 구분하는 건 뭐야?"

"생생함."

"생생함?"

"응, 나무 할머니에게 받은 생생한 인상처럼 말이야. 그러니까 인상은 보통보다 생생하고 뚜렷한 지각이고, 관념은 인상보다 덜 생생한 지각이라고 할 수 있지."

"아, 그렇구나!"

"한 걸음 더 나아가 볼까? 흄에 의하면 인상은 단순 인상과 복합 인상으로 나눌 수 있단다. 한 가지 사물에 대해 감각으로 느끼는 건 단순 인상이고, 여러 가지 사물을 한꺼번에 느끼는 건 복합 인상이야. 지금 이 공원 안에 여러 사람들이 있고, 풀과 나무와 바람과 하늘이 있지?"

"그러니까 우리는 지금 복합 인상을 느끼고 있는 거네?"

"그렇지! 역시 내 아들이야!"

난 아빠의 칭찬에 어깨가 으쓱해졌습니다. 칭찬은 언제 들어도 힘이 나요.

"관념도 마찬가지란다."

"한 가지 사물에 대한 건 단순 관념, 다양한 사물에 대한 건 복합 관념?"

"빙고!"

"그런데 뭐가 먼저야? 인상에서 관념이 생기는 거야, 관념에서 인상이 생기는 거야?"

아빠는 잠시 제자리걸음을 하더니 눈을 감았어요. 마치 아주 맛있고 달콤한 것을 음미하는 사람처럼 말이에요.

"우리가 지금 밟고 있는 잔디가 얼마나 부드러운지 누군가에게 알려주려면 어떻게 하면 될까?"

"그야 직접 맨발로 밟게 해 보면 되잖아. 아! 알았다. 잔디에 대한 관념이 없는 상태에서는 잔디에 대한 인상이 먼저구나! 우리가 잔디에 대해 알고 있는 건 잔디를 경험한 적이 있어서야. 그러

관념
잔디는 부드럽단다

니까 인상이 먼저인 거지?"

난 굉장한 발견이라도 한 듯 가슴이 두근거렸습니다. 지금까지 인상이라든가 관념이라든가 구분하지 않았었는데(그런 어려운 말도 몰랐지만요) 새로운 걸 알게 되니까 날아갈 것처럼 흥분되고 기뻤어요.

"그래서 우리는 경험한 것만을 알 수 있는 건지도 몰라. 경험은 우리의 의식 내용이 되고, 그건 다시 감각을 통해 얻게 되는 인상과 희미한 흔적으로서의 생각으로 나뉘지. 이 인상에 대한 흔적이 곧 관념이란다. 인상이 직접적이라면, 관념은 간접적이라고 할 수 있지."

"그럼 우리가 인상을 통해 얻은 다양한 관념은 어떻게 연결이 될 수 있어?"

하지만 나는 아빠가 무어라 대답을 하기도 전에 소나무 아래에서 책을 읽고 있는 사람을 발견하고 소리쳤습니다.

"아빠, 저기!"

나무 할머니였습니다. 물방울무늬의 머릿수건이 바람에 부드럽게 흔들리고 있었어요. 나의 외침을 들었는지 나무 할머니의 눈이 나와 마주쳤습니다. 할머니가 빙그레 웃습니다. 나도 웃습니다. 웃음에도 모양이 있다면 나무 할머니의 웃음은 잘 부친 계란 프라이처럼 동그란 모양일 것이라고 생각합니다. 따라 웃다 보니 나도 모르게 마음이 동그래졌거든요.

"이리 와서 차 한 잔 하실라우?"

"그래도 될까요? 책 읽는데 방해하는 건 아닌지……."

"좋은 사람들 만나는 게 책 읽는 것보다 더 좋지."

나무 할머니는 다시 빙그레 웃습니다. 아빠랑 나는 할머니 옆에 나란히 앉았어요. 하루에 두 번이나 만나다니! 이럴 줄 알았으면 수리도 데리고 오는 건데. 저기, 우리가 펴 놓은 돗자리를 수리 혼자 지키고 있습니다.

"동생은 데리고 왔어?"

나무 할머니가 한쪽 눈을 찡긋하며 묻습니다.

"동생? 아, 수리요. 저기서 우리 자리 지키고 있어요."

"그래, 지금은 네가 수리에게 많은 얘길 해도 언젠가는 수리의 얘길 들을 날이 올 거야."

"정말 그럴까요? 나도 수리 얘기를 들어 줄 날이 올까요?"

나무 할머니는 대답 대신 또 빙그레 웃습니다.

"어떠냐? 내일 바쁘지 않으면 아빠랑 할머니 집에 놀러 올 테냐?"

나와 아빠는 동시에 눈이 동그래졌습니다.

"왜, 늙은이랑은 친구하기 싫어?"

"아, 아니에요. 갈 거예요!"

우리는 새끼손가락을 걸고 친구가 되었습니다. 알고 보니 모두 띠 동갑이지 뭐예요. 이오 13세 돼지띠, 이수 37세 돼지띠, 나무 할머니 73세 돼지띠. 동갑내기 친구하기가 뭐 그리 어려운가요. 비록 띠 동갑이긴 하지만 동갑은 동갑이지요, 뭐.

원인과 결과

'모든 것에 원인이 있는 것은 아니다'

흄은 인과율이 무엇인가를 알기 위해 먼저 인과에 대한 우리의 관념이 어떤 과정을 통해서 만들어지는가 하는 것부터 알아야 한다고 말합니다. 예를 들어서 '비가 오는 것과 땅이 젖는 것이 원인과 결과의 관계라는 생각이 어떻게 생겨나는가?' 라고 묻는 것이지요. 왜냐하면 이러한 과정을 이해하지 않고는 원인과 결과의 관계를 바르게 추리할 수 없기 때문이지요. 그리고 인과율이 어떻게 생기는가를 알기 위해서는 그 관념이 처음에 발생하게 된 현상에 대한 우리의 최초의 인상을 검토해야 한다고 주장해요. 흄에게 있어서 인상은 모든 지식의 근원으로서, 인상은 인간의 관념을 만들고, 명료한 관념을 통해 명확한 추론으로 나아갈 수 있게 되기 때문이지요.

우리가 원인과 결과라고 생각하는 두 대상들을 따로 떼어서 살펴보면 그 대상들의 개별적 성질들 가운데 어떤 것에서도 우리가 갖게 되

는 인과 관계에 대한 인상 자체를 찾을 수 없어요. 그럼에도 불구하고 보편적으로 존재하는 모든 것들의 사이를 보게 되면 원인이나 결과로 여겨질 수밖에 없는 관계로 맺어져 있지요. 이러한 고찰을 통해 흄은 인과율은 반드시 두 대상들 사이의 어떤 밀접한 관계에 의해서 만들어졌음이 분명하다고 추론합니다. 인과의 관계에 있는 두 대상은 반드시 서로 인접해 있어야 한다는 것이지요.

두 대상이 가까이 인접해 있다는 것은 시간적으로나 공간적으로 두 대상이 영향을 주고받을 수 있을 정도의 장소와 거리에 있는 것이며, 이것은 영향을 미칠 수 없을 만큼 먼 시간이나 장소에서는 인과율이 작용하지 않는 것을 뜻해요. 즉 한 달 전에 내린 비나 다른 지방에서 내린 비를 통해서는 내 눈앞에 있는 땅이 젖는 결과를 확인할 수 없지요. 흄은 이러한 인과율의 성질을 '인접성' 이라 해요. 따라서 인접성은 인과율에 있어서 반드시 필요한 것이지요.

흄은 인과율의 또 하나의 본질적인 특성으로서 원인은 반드시 시간적으로 결과에 우선하여 일어나야 한다고 주장합니다. 어떤 사람들은 일반적으로 원인과 결과가 같은 시간 안에 일어날 수 있다고 주장하는데, 이는 잘못된 것이라고 비판해요. 예를 들어 '비가 오면 땅이 젖는다' 에서 순서가 거꾸로 될 수는 없는 것이지요. 그리고 만약 논리적으로 보아 원인과 결과가 동시적으로 일어나는 것으로 본다면 시간은 사라지게 돼요. 왜냐하면 시간의 차이가 없어지게 되어 원인과 결과는 같은 시간에 일어나는 것을 뜻하기 때문이지요. 예를 들어 공중으로 날아가는 야구공은 스스로가 아닌, 야구방망이든 무엇이든 힘을 가하는 어떤 것에 의해서 움직이지요. 즉 다른 물체에 의한 힘이 원인이 될 때 날아가는 야구공을 볼 수 있지요. 힘을 가하는 방망이의 움직임(원인)은 힘을 받아 움직이게 된 야구공의 움직임(결과)보다 시간적으로 앞설 수밖에 없는 것이지요. 그러므로 원인과 결과는 시간적으로 선후의 관계에 있어야만 한다는 것입니다.

그러나 흄은 인과율을 설명하기 위해서 인접성과 계기만으로는 불충분하다고 생각해요. 어떤 대상이 자신이 원인이 되지 않으면서도 다른 대상에 관하여 인접하고, 또 시간적으로 앞설 수 있기 때문이지요. 그래서 흄은 한 대상이 다른 대상의 원인으로 생각되기 위해서는 위의 성질 외에도 두 대상 사이에 '필연적인 연관성'이 고려되어야 한다고 생각해요. 인과성을 말하기 위해서는 항상 원인과 결과의 관계가 필연적으로 연결되어야 하기 때문이지요. 그는 이러한 필연적 연결이 어떤 인상들로부터 유래하는가 하는 물음을 던진답니다.

흄은 이 문제를 두 가지 관점에서 보고 있어요. 첫째, 대부분의 사람들은 존재하는 사물들이 모두 존재의 원인을 갖는다고 일반적으로 생각하고 있다는 것. 둘째, 사람들은 특정한 원인들은 반드시 어떤

결과를 가져와야 한다고 믿는다는 것. 이러한 일반적인 생각들에 대해서 흄은 무엇을 근거로 해서 원인으로부터 결과를 끌어내는가 묻고 이러한 추론의 본질이 무엇인가 묻고 있어요. 우선 존재하는 모든 것은 무엇이나 원인을 가져야 한다는 주장에 대해, 이러한 주장은 다만 사람들이 직관적으로 확실하다고 생각할 뿐이지 이에 대한 명백한 증거를 보여 줄 수 없다고 반박해요.

경험과 대상에 대한 감각적 · 반성적 인상에 의해서 지식을 만드는 흄에게는, '존재하는 모든 것은 존재의 원인을 가져야 한다' 는 원리는 논증될 수 없는 것이므로 확실하지 않은 추론일 뿐이지요. 원인 없이는 어떤 존재도 있을 수 없다는 것을 증명할 수 없기 때문이랍니다.

우리는 모든 새로운 존재들마다 그에 따른 원인을 결코 분명하게 제시할 수 없을 뿐만 아니라, 모든 것들이 반드시 원인을 가져야 한다면, 대상 자체나 무를 원인으로 인정해야 한다는 것이지요. 그러나 경험론자인 흄에게 있어서 무에 의해서 무엇인가가 만들어진다는 것은 불가능한 일이지요. 무는 결코 어떤 것일 수 없고, 따라서 결코 원인이 될 수 없다는 것이지요.

인상과 관념

'관념은 감각적 인상들의 복사물이며, 관념들은 습관적으로 결합된다'

사람들은 누구나 경험을 하며 살고 있어요. 흄에게 이 경험의 과정이 어떻게 일어나는지 살펴봅니다. 흄에 의하면, 우리가 경험하기 위해서는 감각에 들어오는, 경험에 필요한 직접적 자료들이 있어야 하고 또한 그 자료들을 마음속에 담는 그릇이 필요하다고 봐요. 흄은 경험을 위한 직접 자료를 인상이라 하고, 인상을 마음속에 떠오르는 상으로 만드는 것을 관념이라 하지요.

만약 여러분이 친구의 방을 방문하면, 그 방에 대한 여러 가지 인상을 받게 되지요. 방의 곳곳에 놓여 있는 물건들이 눈에 들어오겠지요. 의자, 책상, 그리고 옷걸이 등등. 이렇게 감각으로 들어온 인상은 마음속에 관념으로 남게 된다는 거예요. 집에 돌아와서 눈을 감고 친구의 방을 떠올리면 친구의 방에서 떠올렸던 인상들을 다시 머릿속에 떠올릴 수 있다는 겁니다. 이때 떠오르는 것은 하나의 모습이나 상으로서 이를 관념이라 해요. 즉 이때 보는 것은 직접 보는 것이 아니라 관념을 통해서 보게 되지요. 그리고 인상과 관념은 항상 서로 상응하는 것처럼 보여요. 그래서 보통 사람들은 인상과 관념을 거의 같은 것으로 생각한다는 거예요.

철학 돋보기

　그러나 흄은 인상과 관념을 구분한답니다. 이 둘을 구분하는 것은 무엇보다도 '생생함'이지요. 인상이나 관념이 우리의 의식 속에 들어올 때 강한 정도나 활발함에 있어서 차이가 있지요. 지각이 힘 있고 강렬하게 들어올 때 인상이라 해요. 뜨거운 물에 직접 데었을 때 받는 강한 인상, 아름다운 사람을 보았을 때 받는 강한 인상 등이 그 예가 될 수 있어요.

　그러나 관념에 의해서 얻는 것은 인상에서 받는 것처럼 강하지 못하지요. 인상에 속하는 것으로는 마음이 시각이나 촉각을 통해서 강하게 받아들이는 것과 감정으로서 쾌나 불쾌를 직접 경험하는 것을 제외하고 대부분의 지각은 관념에 속해요. 그러나 사실 이 두 가지가 잘 구별이 안 되는 경우도 있지요. 우리의 마음이 아주 강렬한 감정에 사로잡혀 있을 때, 관념은 인상과 비슷할지 모르지요. 예를 들면 잠잘 때, 열광할 때, 미쳐 있을 때, 우리는 인상과 관념을 거의 구별할 수 없을 거예요. 그리고 인상이 아주 희미할 때 역시 관념과 잘 구별이 안 되지요. 그럼에도 불구하고 흄은 인상과 관념을 구분한답니다. 그래서 '가장 활발한 관념이 가장 둔한 인상보다 못하다'는 말을 하기도 하고요.

　여기서 한 걸음 더 나아가서 흄은 인상을 단순 인상과 복합 인상으로 구분하고 관념을 단순 관념과 복합 관념으로 다시 나눕니다. 한 가지 사물에 대해서 감각으로 느끼는 것은 단순 인상이고, 여러 가지 사물을 한꺼번에 지각하는 것은 복합 인상이라 해요.

예를 들면, 하얀 종이를 지각하면 단순 인상이고, 남산에 올라 시내를 내려다보면 도시, 빌딩, 거리 등에 대한 복합 인상을 갖게 되지요. 마찬가지로 한 가지 사물에 대해서 그에 대한 상을 가지면 단순 관념이고, 다양한 사물에 대한 상을 한꺼번에 갖게 되면 복합 관념이라 해요.

예를 들어, 하얀 종이를 생각하게 되면 단순 관념을 갖는 것이고, 남산에서 내려와 서울 시내에 대한 생각을 하게 되면 복합 관념을 갖게 된다는 거예요. 이 예의 경우, 복합 인상과 복합 관념은 서로 대응하는 것이지요. 서울 시내에 대한 인상이 그대로 관념이 되었기 때문이지요. 그러나 우리가 어떤 금으로 된 빌딩과 다이아몬드가 깔린 도로에 대한 관념을 갖는다면 이에 대응하는 인상을 찾을 수 없을 거예요. 그러므로 복합 인상과 복합 관념이 서로 대응하지 않는 경우가 있답니다.

그렇다면 인상과 관념의 관계는 어떠한가요? 인상이 관념으로부터 생겨나는가요, 아니면 관념이 인상에서 생기는가요? 무엇이 더 먼저 생기는 것일까요? 즉 순서에 관한 문제랍니다. 인상이 관념보다 먼저 우리의 마음에 들어온다는 것은 분명하지요. 왜냐하면 우리는 빨간색을 알려 주기 위해서 빨간 사과나 빨간색 종이를 보여 주기 때문

이에요. 즉 관념을 가지고 인상을 만들려고 하지 않는다는 거지요. 그러므로 우리는 단순 인상들이 그에 따르는 관념보다 먼저 일어난 다고 말할 수 있어요.

흄은 여기에 한 가지 사실을 더 추가한답니다. 그는 인상들을 감각 에 의한 인상과 반성에 따른 인상으로 나누어요. 흄은 감각에 의해서 일어나는 인상들의 원인은 우리가 알 수 없다고 해요. 다만 마음속에 생긴다는 것을 알 뿐이지 그 원인을 알 수 없다는 거지요.

그렇다면 반성에 의한 인상의 원인은 무엇인가요? 이들은 대부분 관념에 의해서 일어나게 되는데, 우리가 바닷가의 뜨거운 모래에 대 한 인상을 가진다고 가정해 봅시다.

바닷가에서 돌아와 여름이 지난 후 어느 겨울날 우연히 그때 바닷가 에서 뜨거운 모래에 대한 인상이 마음속에 다시 하나의 '상'으로 살 아날 수 있지요. 이 상이 바로 관념이며, 이에 대한 반성은 모래의 뜨 거움과 함께 그때에 대한 새로운 인상을 만들어 낼 수 있지요. 이것 들은 다시 기억과 상상력에 의해서 상들을 만들면서 관념이 될 수 있 으며, 이러한 과정은 계속 진행될 수 있어요. 설령 우리가 '뜨거움'이 라는 관념으로부터 반성을 시작할 수 있지만, 이들은 궁극적으로는 감각의 인상들로부터 유래하기 때문에 결국 인상이 관념보다 먼저 일어난다고 보아야 한답니다.

3

비밀의 정원

조화를 이루는
삶

 '우리가 알 수 있는 모든 것은 개연성일 뿐이다.'

—데이비드 흄

1 오후의 티타임

나무 할머니를 만나기로 한 일요일 오후입니다. 얼마나 설레던지 밤에 잠도 잘 못 잤어요. 아빠랑 나는 밤늦게까지 그 집 정원에 대한 이야기며 나무 할머니의 유일한 가족이라는 고양이 뮤에 대한 이야기로 수다꽃을 피웠지요. 결국 내린 결론은 '직접 경험하기 전에는 아무것도 모른다!' 였지만요.

아빠와 나는 아침부터 나무 할머니에게 가져갈 쿠키를 굽느라고 바빴습니다. 반죽은 아빠가 하고 모양은 내가 만들었지요. 건포도를 박은 나무 모양의 쿠키가 김을 모락모락 피워 올리며 오븐에서 나왔을 때 아빠와 나는 동시에 손을 마주 잡고 펄쩍펄쩍 뛰었습니다. 사실 토끼나 별 모양은 자주 만들어 보았지만 나무 모양은 처음이었거든요. 내 손바닥 위의 나무 쿠키는 보기에도 먹음직스러워 보였습니다.

쿠키를 바구니에 담고 우리는 위풍당당하게 집을 나섰습니다. 바람이 얼마나 부드러운지, 햇빛은 또 얼마나 반짝이는지, 발목에 날개라도 달린 듯 나는 가볍게 걸었습니다. 아빠는 길을 걸어가면서 자주 한눈을 팔긴 했지만 그래도 내 손을 꼭 잡고 같이 걸었습니다.

사실 말이지요, 아빠랑 길을 같이 가기란 아주 아주 아주 힘든 일이거든요. 신기한 게 뭐가 그리 많은지 한 걸음 걸을 때마다 저건 어떻고, 이건 어떻고, 어제는 이렇지 않았는데 뭐가 달라졌다는 둥 5분이면 갈 거리를 한 시간도 더 가거든요. 시간 개념이 없다면 좀 없는 아빠지만 그래도 이런 아빠 덕분에 저도 세상에 똑같은 건 하나도 없다는 걸 알게 됐는지도 몰라요.

드디어!

나무 할머니 댁에 도착했습니다. 할머니는 대문 앞에서 우리를 기다리고 계시다가 우리가 보이자마자 손을 흔들었습니다. 나랑 아빠도 마구 손을 흔들었지요. 친구가 보이면 손을 막 흔들어 기쁨을 표시하는 게 당연한 거 아니겠어요?

정원은 아름다웠습니다. 그런데 그냥 아름답다는 표현으로는 좀 부족해요. 음, 뭐랄까! 꼭 집어 설명하기가 어려운데요. 하나도 꾸미지 않았기 때문에 아름다웠다고나 할까요. 자연스럽고 편안해서 그냥 숨을 쉬는 것처럼 마음이 놓이는 기분이었거든요. 할머니는 정원에서 맨발이었어요. 그래서 아빠랑 나도 맨발로 돌아다녔지요. 부드러운 흙과 돌이 발바닥에 와 닿는 감촉, 무심코 돌멩이를 밟았을 때의 깜짝 놀란 느낌, 이름 모를 작은 꽃을 밟지 않으려고 조심스럽게 발걸음을 옮길 때의 긴장감…… 이런 것들이 나를 너무 행복하게 했어요. 볼이 발갛게 상기되어서 정신없이 정원을 돌아다닐 정도였지요.

나무 할머니의 정원에는 사과나무·모과나무·복숭아나무·자두나무·살구나무·감나무·대추나무 등 과일나무가 잔뜩 있었고 라일락·장미·수국 같은 꽃뿐만이 아니라 뒷마당에는 작은 채소밭까지 있었어요. 상추며 토마토·배추까지 농약을 뿌리지 않고 직접 가꾸어서 드신대요. 전 나무 할머니가 너무 힘들까봐

걱정이 되었어요.

"이렇게 많이 키우면 힘들지 않으세요?"

"아니. 힘든 일은 하나도 없단다. 내가 키우는 게 아니라 저들 스스로 자라는걸."

할머니는 빙긋 웃으시며 나를 바라보셨어요.

"비가 오면 비가 오는 대로 햇빛이 비추면 햇빛이 비추는 대로 바람이 불면 바람이 부는 대로 자연의 섭리에 따라서 저들은 자라지. 일부러 벌레를 잡지 않아도 벌레는 저 먹을 만큼만 먹으면 더 이상 손을 대지 않거든. 그러니 그냥 두면 나무도 벌레도 나도 다 먹을 게 생긴단다. 그 이상 바라는 건 욕심일 거야. 그렇지 않으냐?"

나는 고개를 끄덕였어요.

아빠는 벌써부터 이 나무 저 나무 껴안아 보느라고 야단입니다. 아빠와 나는 나무 껴안는 것을 굉장히 좋아해요. 그래서 나도 아빠가 껴안은 사과나무한테 가서 꼭 껴안았지요. 나무의 수액이 힘차게 올라가는 게 느껴지는 것도 같았어요. 아마 나처럼 사과나무도 가슴이 두근두근하나 봐요.

할머니가 마당 한 편에 차를 준비해 두셨습니다. 오후의 티타임이에요. 아빠와 나는 준비해 간 나무 쿠키를 선물로 드렸지요. 할머니의 얼굴에 웃음이 한가득 피어올랐어요. 할머니는 잠시 놀란 듯 쿠키를 바라보았습니다.

"어쩜, 하나하나가 다 다른 이야기를 하고 있네."

"에? 정말요?"

"응, 여기 오른쪽 윗부분이 더 갈색인 애는 고집이 좀 세구나. 남들과 다른 자기 자신을 드러내고 싶었던 게야. 그리고 여기 밑 부분이 더 둥근 애는 분명히 남과 함께 있는 걸 좋아하는 애지. 어머, 얘를 좀 보렴. 어쩜 건포도가 이렇게 예쁘게 매달렸담. 남을 잘 도와주는 애가 틀림없어."

아빠와 나는 나무 할머니의 얘기를 들으면서 나무 쿠키를 다시 바라보게 되었습니다. 쿠키 하나하나마다 많은 이야기가 숨어 있어서 놀라운 경험이었어요. 정말이지, 나무 할머니의 정원은 수많은 이야기가 가능한 비밀의 정원이라니까요.

할머니가 손수 끓인 홍차는 달콤하면서도 맛있었습니다. 뜨거운 차와 함께 먹는 쿠키는 입에서 살살 녹아 내렸어요. 늘 먹는 것인데도 어떤 장소에서 어떤 사람들과 먹느냐에 따라 맛은 달라지나 봐요. 그렇게 맛있는 음식은 정말 생전 처음이었거든요. 하지만 남들이 보면 좀 이상했을지도 모르겠어요. 나무 쿠키를 각자 하나씩 들고 애는 성격이 어떻다는 둥 이런 얘기를 너무나 즐겁게 했으니까요.

"할머니, 그런데 정말 나무가 하는 이야기를 들을 수 있으세요?"

난 가슴속에 깊이 품고 있던, 궁금했던 점을 물었습니다. 어떤 대답이 나올지 긴장되는 마음으로 기다렸지요. 아빠도 나와 똑같이 반짝반짝 빛나는 눈으로 할머니만 바라보았습니다.

"하하하! 두 사람 다 내가 무슨 초능력자라도 되는 것처럼 바라보는구나."

아빠와 나는 좀 쑥스럽긴 했지만 그래도 궁금한 건 못 참거든요.

"글쎄, 언제부터였을까? 내가 나무 이야기를 듣게 된 것이…….
흄을 만나면서부터였나?"

"흄이요?"

나는 눈이 동그래졌습니다. 아빠도 눈이 동그래졌습니다. 바로 어제 공원에서 아빠에게 들었던 바로 그 사람이잖아요!

"흄이라면 영국 철학자인 그 흄 말씀입니까?"

아빠는 반가운 얼굴로 물었어요. 아! 아빠의 얼굴에 '반짝' 전구가 켜진 순간입니다. 우리 아빠는요, 이제 여러분도 다 아시겠지

만 자기가 좋아하는 이야기가 나오면 금방 알 수가 있거든요. 정말 어두운 방에 불이 켜지는 것처럼 얼굴이 '반짝' 하거든요.

"와! 바로 어제 아빠랑 흄에 대해 얘기했어요."

"오, 그랬어? 자, 무슨 얘기를 했는지 나한테도 좀 들려주렴. 흄은 내가 아주 좋아하는 철학자거든."

나는 신이 나서 어제 아빠가 해 준 이야기를 나무 할머니에게 들려주었습니다. 흄은 영국 스코틀랜드에서 태어난 철학자로 훌륭한 가문에서 태어났다는 것으로 시작했어요. 흄은 아버지가 일찍 돌아가셨지만 사랑을 많이 받고 자란 사람이었대요. 하지만 자기의 주장을 내세우는 데는 거리낌이 없었대요.

흄의 어머니는 신앙심이 깊었지만 흄은 열 살 때부터 모든 기독교 형식을 거부했고, 열두 살에는 대학에 들어가서 공부했대요. 그 밖에 흄은 《인성론》이라는 책도 썼었고 그 책에서 원인과 결과에 대한 이야기를 했고 경험·인식·관념에 관한 이야기를 했다는 것도요. 흄의 친구들은 흄을 완벽하고 현명한 사람이라고 했대요. 저는 이 말씀을 드리면서도 '흄은 참 멋있는 사람이구나!' 하는 생각을 다시 하게 되었어요. 물론 어려운 부분은 아빠의 도움을 받았지만요. 나무 할머니는 그렇지! 맞아! 음! 옳지! 오호!

연신 감탄사를 연발하며 주의 깊게 얘기를 들어 주었어요. 나무 할머니는 정말 얘기를 잘 들어 주는 사람이었어요.

문득 이렇게 진심으로 귀를 기울여 주는 사람에게는 나무들도 얘기를 할 만하겠다는 생각이 들었습니다. 나도 이야기를 잘하기 전에 잘 들어 주고 싶다고 생각했어요.

"그래, 그래. 아주 잘 알고 있구나. 흄은 우리가 아는 것은 오직 경험을 통해서라고 했지. 그래서 감각이 중요한 것이 되는 거고. 감각이란 말이야, 늘 다르게 느껴지기 마련이지 않겠니? 사람에 따라서도 다르고 상황에 따라서도 달라지지. 하지만 오직 감각만이 중요할까? 이오야, 아까 뒷마당에서 무엇을 보았니?"

"음~ 상추랑 고추, 토마토……."

"그건 지금도 여전히 뒷마당에 있을까?"

"네? 당연히 있지요. 아까 분명히 제가 보았는걸요."

"그거야 네가 아까 '보았을 때' 니까 있었겠지만 '네가 보고 있지 않은 지금도' 그것들이 과연 있을까?"

할머니는 한쪽 눈을 찡긋하며 나를 계속 바라보고 있습니다. 아빠는 '아하!' 하는 얼굴로 할머니가 무슨 얘기를 하려는지 눈치

챈 얼굴이었지만 도무지 나에게는 아무 말도 해 주지 않습니다. 이건 또 무슨 수수께끼일까요? 아빠와 할머니는 한통속이라도 된 듯 웃기만 하네요. 아아아아아! 정말이지 여기는 비밀의 정원이라니까요.

2 뮤

그때였습니다. 할머니 옆에는 언제 나타났는지 검은 고양이 한 마리가 앉아 있었습니다. 윤기가 반드르르 흐르는 고양이는 푸른 눈을 하고 나한테는 관심도 없다는 듯 도도하게 앉아 있습니다.

"이오야, 아까까진 뮤를 보지 못했지?"

고양이를 쓰다듬으며 나무 할머니는 부드럽게 얘기를 다시 시작합니다.

"네."

"그럼 네가 보지 못했기 때문에 뮤가 세상에 없었다고 하면 어떨까?"

"그건 말도 안 돼요! 내가 못 보았을 뿐이지 뮤는 분명히 있었잖아요."

뮤가 나를 살짝 바라봅니다. 그러나 다시 시선을 돌리고 흥미 없다는 듯 할머니 무릎 옆에 누워 눈을 감아 버립니다. 아빠는 뮤와 놀고 싶어 하는 얼굴이지만 뮤가 아빠한테 관심 없기는 마찬가지인가 봅니다.

"그래. 그럼 뮤가 있었다는 걸 분명히 믿는다는 거지?"

"네."

"어떤 것이 존재한다고 믿는 것을 신념이라고 한단다."

"신념?"

"그래, 흄은 이 신념이 도대체 어떻게 생기는가를 아는 것은 사람의 본성을 알기 위해서 매우 중요한 문제라고 생각했지. 그래서 '어떤 원인들이 사물들의 존재를 믿게 하는가' 라고 생각했단다."

"그래서 흄은 신념의 근원을 아는 것이 곧 인간의 본성을 아는 것이라고 했군요."

아빠가 무릎을 탁 치며 말했습니다.

"그래서 우리가 어떻게 신념을 갖게 되는지를 설명하기 위해 감각, 이성, 상상력에 대해 논의했고요."

"맞아."

할머니가 싱긋 웃으며 아빠와 나를 바라보았어요. 나는 아빠와 나무 할머니의 대화가 너무 궁금했지만 흄에 대해 아는 게 별로 없으니 뭐라고 말할 수가 있어야지요. 그래서 가만히 듣고 있다가 궁금한 게 나오면 질문하리라고 마음먹었어요. 모름지기 사람은 일단 잘 듣는 것부터 시작해야 하니까요.

"우리가 뮤를 보지 않아도 뮤는 여전히 존재하고 있지. 우리의 감각으로 사물을 계속해서 관찰하지 않아도 그들이 존재한다는 것을 믿는 게야. 즉 우리는 우리의 감각 기관과 상관없이 독립적으로 세계가 존재한다는 것을 믿는 셈이지."

나는 고개를 끄덕끄덕했습니다. 나무 할머니가 말하는 게 무엇인지 알 것 같았거든요. 우리는 지금 나무 할머니 정원에 있지만 그렇다고 B612가 없어지진 않았을 테니까요.

"그럼 흄은 거기에 대해 어떻게 생각했어요? 아까 아빠가 말한 감각, 이성, 상상력 중에 하나가 답인가요?"

갑자기 눈앞이 깜깜해졌어요. 숨도 막혔어요. 아빠가 나를 너무

세게 껴안고 있거든요.

"오! 오! 오! 이오! 대단해! 아빠가 말한 걸 기억하고 있었어?"

그건 나에게도 놀라운 일이었어요. 감각이니 이성이니 상상력이니 하는 건 어려운 말들이잖아요. 그런데 귀를 기울여 들었더니 나도 모르게 입에서 술술 나와 버린 거 있죠. 헤헤헤! 하지만 아빠의 이 오버는 정말~ 나무 할머니도 있는데…….

"아아, 으이이어! (아빠, 숨 막혀!)"

아빠는 싱글싱글 웃으며 나를 풀어 주고선 나무 할머니의 말이 계속되길 기다렸어요. 자식 사랑도 지나치면 푼수라는 걸 정말 모르는 아빠라니까요. 하지만 세상 어느 아빠가 사람들이 있건 말건 자신의 사랑을 표현할 줄 알겠어요. 그래서 아빠를 좋아하긴 하지만요. 나무 할머니는 티격태격하는 아빠와 나를 다정하게 바라보면서 얘기를 계속했어요.

"흄은 우리가 아는 것은 오직 경험을 통해서라고 했어. 이건 벌써 이오도 알고 있는 사실이지?"

"네, 감각은 우리가 무언가를 아는 데 기본이 되는 거예요."

"그래, 그러나 흄은 사물이 있다는 것에 대한 신념이 오직 감각에 의해서만 가능하다고 보는 것에는 반대했단다."

"음, 뮤를 보지 못해도 뮤는 어딘가에 있는걸요."

"맞아, 우리가 계속해서 뮤를 보는 것은 불가능하지."

"하다못해 눈이라도 깜박여야 되고 잠도 자야 되는걸요. 또 밥도 먹고 화장실도 가야 되고……."

내 대답에 아빠와 나무 할머니는 한바탕 웃음을 터뜨렸습니다.

"게다가 흄은 우리의 감각은 사물이 독립적으로 존재한다는 것도 알려 줄 수 없다고 했단다. 그래서 이성이나 상상력의 도움을 받아야만 하는 거지."

"감각만으로는 모든 걸 알 수가 없기 때문이지요? 예를 들면 뮤를 보기는 했지만 뮤의 소리를 아직 듣지 못했다면 뮤를 다 안다고 말할 수는 없고, 뮤의 소리를 들었다고 해서 뮤의 모든 것을 다 알았다고도 할 수 없고……."

아빠는 내심 뮤가 관심을 가져 주지 않아서 섭섭하나 봅니다. 뮤는 또 어디로 갔는지 그새 보이지 않아요. 나무 할머니는 아빠 마음을 다 안다는 듯 보온병에서 물을 따라 따뜻한 차를 다시 우려 줍니다.

"그렇지, 이 찻잔만 봐도 그래. 손잡이를 오른쪽에 두고 봤을 때랑 왼쪽에 두고 봤을 때는 완전히 다른 모양이잖아. 똑바로 놓고

상상속의 엄마는 .....
제일 좋고 예쁜 엄마~

봤을 때랑 뒤집어 놓고 봤을 때도 다르고. 그렇다고 해서 이 찻잔을 다른 찻잔이라고 볼 수는 없겠지. 그리고 우리가 눈을 감고 있을 때도 이 찻잔이 여기 이 모습 그대로 있다는 것을 어떻게 알 수 있겠니?"

"음, 하지만, 하지만, 분명히 있잖아요."

"우리가 '그렇게 믿는 것' 뿐이지 '알 수 있는 것'은 아니지."

아, 이건 생각보다 어렵네요. 나는 저절로 고개가 갸우뚱해졌어요.

"그러니까 믿는 것과 아는 것은 다르다는 건가요?"

"사람들은 흔히 잘못된 관습과 습관에 의해 형성된 관념에 따라 사는 경우가 많단다. 자기가 경험하지 않은 것에 대해선 함부로 말해선 안 되는데 말이다."

"맞아요. 조각보 바느질을 배워 보지도 않고 그건 쓸모없다는 둥, 그건 너무 어렵다는 둥, 눈이 나빠진다는 둥 말들이 많거든요."

아빠가 갑자기 두 손 불끈 쥐고 말했어요. 할머니와 나는 아빠 편을 들어 주었지요. 아빠가 조각보에 빠져 있다는 건 다 아는 사실이니까요. 나도 그런 일이 가끔 있어요. 친구들이 해 보지도 않고 이건 이렇고 저건 저렇고 하는 걸 들을 때마다 속에서 열이 받을 때도 있었거든요. 그런 말할 시간 있으면 한 번 해 보면 될 텐데…….

"그럼 이성은요?"

나는 꽃무늬가 새겨진 찻잔을 이리저리 돌려 보면서 나무 할머니에게 물어보았습니다. 나무 할머니의 찻잔은 정말 예쁜 것이었어요. 밖에는 꽃무늬가 있고 안쪽에도 잔잔한 덩굴무늬가 그려져 있었거든요.

"이성 역시 사물의 지속성과 독립성을 보장해 주지 못한다고 생각했지."

"상상력은요?"

"흄은 사물의 성질에 대한 신념을 설명하는 데 가장 중요한 것은 상상력이라고 했단다. 이오는 상상력이 뭐라고 생각하니?"

"음, 알 수 없는 어떤 것을 알 수 있게 해 주는 거요."

"오, 그래! 그럼 상상력은 실제와 같이 표현해 주는 걸까?"

"아니요, 상상 속에선 조금 더 부풀려지는 것 같아요. 더 예쁘거나, 더 무섭거나, 더 다정하거나……."

나는 잠깐 엄마 생각을 했습니다. 내 상상 속의 엄마는 세상에서 가장 좋은 엄마거든요. 아빠는 내 얼굴을 보면서 손을 꼭 잡아 주었습니다. 내가 누굴 생각하고 있는지 다 안다는 얼굴이었어요. 나는 눈물이 나올 것 같았지만 꾹 참았습니다. 상상만으로도 사람은 슬퍼지기도 하고 기뻐지기도 하나 봐요.

"흄은 상상력의 작용을 통해 우리 인간은 계속해서 무언가를 보거나 듣거나 만지지 않아도 알 수 있는데 이것을 '상상력의 관성'이라고 불렀단다. 실제로 상상력은 실제 관찰한 것을 넘어서 더 확장시키는 성질이 있다고 볼 수 있지."

그때였습니다. 어디선가 나타난 뮤가 살며시 아빠 옆으로 다가왔습니다. 아빠는 펄쩍 뛸 듯 기쁜 얼굴이었지만 조심스럽게 뮤를 쓰다듬었습니다. 뮤는 상상이 아닌 실제 존재하는 뮤로 나타났다고나 할까요. 하지만 여전히 나한테는 무심합니다. 힐끔 한 번 쳐다보고는 그만이었거든요. 내 참, 내가 무슨 동생이라도 되는 듯 '어린 것이~' 하는 표정이지 뭐예요. 치!

3 손가락 사이로 햇빛이 반짝일 때

아빠랑 나는 나무 할머니가 들려주는 흙 이야기에 푹 빠져 버렸습니다. 나무 할머니는 철학을 좋아해서 철학책을 즐겨 읽으신다고 해요. 하지만 철학은 결코 책 속에서만 얻을 수 있는 것은 아니라고 합니다. 우리의 생활 자체가 철학적 질문으로 가득 차 있는 것이라면서 살면 살수록 삶은 경이로운 것이라고 놀라시곤 한답니다.

"그럼 세상에는 같은 것이라곤 하나도 없는 건가요?"

"아마 흄은 그렇게 생각했을 것 같구나."

나는 흄이 나와 같은 생각을 했다는 것이 너무 기뻤습니다. 어제의 나와 오늘의 나도 조금은 다른걸요. 어제는 흄에 대해서 이렇게까지는 몰랐으니까요. 뮤도 몰랐고요, 나무 할머니의 정원도 몰랐지요. 어어? 그럼 나는 어느 게 진짜인 거지? 난 슬그머니 걱정이 되었어요.

"그럼 어느 게 진짜 나예요? 매일, 아니 매순간마다 변하는 나라면 어떻게 내가 나라는 것을 알 수 있지요?"

나무 할머니는 안심하라는 듯 내 손을 토닥여 주었어요.

"우리는 일종의 극장인 셈이지. '나'라는 존재는 세상에서 다양한 인상을 받아들여 다양한 관념을 만들어 가는 극장의 무대와 같단다."

나는 속으로 생각했습니다. '관념의 극장, 이건 내가 알고 있었던 건데……' 나는 아는 것이 나올 때마다 가슴이 쿵쾅쿵쾅 뛰는 것을 참을 수가 없어요.

"우리가 살아 있는 한 '나의 무대'는 계속되는 거란다."

"그럼 지금 아빠의 무대는 조각보 천국이겠네요?"

아빠와 할머니는 찻잔을 들다 말고 웃습니다. 아빠가 내 머리를 마구 헝클어 놓았어요. 아빠의 손가락 사이로 햇빛이 빛납니다. 아빠의 머리 헝클기 공격을 막아 내는 내 손가락 사이로도 햇빛이 빛납니다. 찻잔에 차를 따르는 나무 할머니의 손가락 사이로도 햇빛이 빛납니다. 손가락 사이로 반짝반짝 빛나는 오후입니다.

"또 흄은 무슨 얘기를 했어요?"

"우리 이오가 흄에게 완전히 반했나 보구나?"

"응, 아빠가 어제 해 준 이야기랑 오늘 나무 할머니가 해 준 이야기랑 모두 다 이해하긴 어렵지만 그래도 재미있어. 생각할 것도 많고."

"뭐야, 뭐야! 아빠보다 흄이 더 좋은 거야? 그런 거야?"

아이 참! 이럴 때 아빠는 나보다 더 어린 것 같다니까요. 일부러 삐친 척하다니. 정말이지 다 큰 어른이 부끄러워할 줄도 알았으면 좋겠다니까요.

"세상에서 아빠가 제일 좋다니까. 알면서~!"

아빠는 금세 껴안기 공격을 해 옵니다. 좋아서 어쩔 줄 모를 때나 할 말이 없을 정도로 감동 받았을 때 하는 행동이죠. 전 다시 숨이 막혔다니까요. 이렇게 노는 아빠랑 아들은 우리 둘밖에 없을 거예요. 정신 연령이 똑같아서 그런 걸까요?

"나무 할머니, 이오에게 흄 이야기 더 해 주세요."

아빠가 이젠 이야기를 조릅니다. 사실은요, 자기가 더 듣고 싶은 게 틀림없어요. 내 핑계를 대고 뭐 해 달라고 한 게 한두 번이 아니거든요. 뭐 아무려면 어때요. 나도 너무 궁금한걸요. 나무 할머니는 눈가에 주름을 자글자글 잡으면서 웃고 있습니다. 나무 할머니가 웃으면 나도 따라서 웃고 싶어져요. 친구라서 그런 걸까요?

"그럼, 어디 보자. 원인과 결과에 대한 이야기를 해 줄까?"

실 뭉치를 푸는 것처럼 나무 할머니의 입에서 이야기가 돌돌돌 풀려 나옵니다. 할머니는 서두르지도 않고 늦추지도 않고 이야기를 합니다. 부드럽게 돌아가는 회전목마 같아요.

"원인과 결과요?"

"그래, 어쩌면 흄이 한 이야기 중에서 가장 중요한 이야기일지도 모르겠구나. 우선 이오에게 하나 물어보자. 원인과 결과란 무엇이라고 생각하니?"

"음, 어떤 일이 생겨서 그것 때문에 또 다른 일이 생기면 앞의 일을 원인이라고 하고 뒤의 일을 결과라고 해요."

"예를 들면?"

"예를 들면……."

나는 고개를 들어 나무 할머니의 정원을 바라보았어요. 나뭇가지 사이로 햇빛이 반짝이고 있었어요. 바람이 불 때마다 나뭇잎이 살랑살랑 인사를 해요. 뮤가 모과나무 아래를 천천히 걷고 있어요.

"나뭇잎이 흔들리는 걸 보면 바람이 부는 걸 알 수 있지요. 바람 때문에 나뭇잎이 흔들려요. 그러니까 바람이 부는 게 원인이면 나뭇잎이 흔들리는 건 결과라고 할 수 있지요."

"아주 훌륭해! 잘 말했구나."

나무 할머니가 활짝 웃었어요. 아빠는 또 나를 꼭 껴안아 주었습니다. 나는 정말 대단한 거라도 말한 것처럼 어깨가 으쓱했어요. 내가 생각했다라고 하기보다는 나무랑 바람이 나에게 보여 준 것인데 말이에요. 자연 속에서 가만히 바라보는 것만으로도 많은 공부를 할 수 있다는 것을 새삼 알았지 뭐예요.

"그런데 흄은 원인과 결과에 대한 우리의 관념이 어떤 과정을 통해 만들어지는가 하는 것부터 알아야 한다고 했단다."

"관념이오?"

"생각이 반복되고 굳어지면 그것을 관념이라고 한단다."

나는 어제 공원에서 아빠랑 한 얘기가 기억났어요. 감각을 통해 들어온 인상이 마음속에 관념으로 남는다고 했지요. 우리가 마음속으로 무언가를 생각하는 건 인상이 아니라 우리 기억 속에 남은 관념이라고 했으니까요. 인상이랑 관념을 구분하는 건 생생함이라고도 했지요.

"우리가 원인과 결과라고 생각하는 두 대상을 한 번 떼어 놓고 생각해 보자꾸나. 이오는 '바람이 불면 나뭇잎이 흔들린다' 라고 했지?"

"네. 바람이 부는 게 원인이고 나뭇잎이 흔들리는 게 결과예요."

"그래. 그럼 말이다, 바람이 부는 것과 나뭇잎이 흔들리는 것을 따로 생각해 보렴. 바람이 부는 성질과 나뭇잎이 흔들리는 성질은 같은 것이라고 볼 수 있을까?"

난 곰곰이 생각했어요. 바람과 나뭇잎이 같은 성질을 갖고 있나?

"그건 아닌 것 같아요. 다른 것인걸요."

"그렇지? 그런데 왜 두 가지가 원인과 결과가 될 수 있을까? 전혀 다른 성질을 가진 것인데 말이야."

난 또 곰곰이 생각했어요. 으윽~ 어렵다. 생각하고 또 생각해도 너무 어려워요. 전 아빠를 쳐다보았지요. 엉터리 같은 아빠지만 그래도 이 상황에서 믿을 사람은 아빠밖에 없잖아요. 아빠도 잠시 고개를 갸웃거리더니 천천히 말하기 시작했어요.

"인과 관계라는 건 원인이나 결과의 '성질'로 알 수 있는 것이 아니라 대상들 사이의 '관계'에서 오기 때문이지 않을까요? 결국 어떤 성질이냐가 중요한 게 아니라 어떤 관계를 맺느냐가 중요한 것이지요."

나무 할머니는 '역시~' 하는 얼굴로 고개를 끄덕였어요. 갑자기 아빠가 너무 자랑스러워 보이는 거 있죠. 우와! 바느질밖에 못 하는 줄 알았는데 아빠는 종종 나를 깜짝 놀라게 한다니까요. 할머니는 차를 한 모금 마시고 얘기를 계속하셨어요.

"흄은 이렇게 여러 가지 생각 끝에 원인과 결과는 반드시 두 대상들 사이에 어떤 밀접한 관계에 의해 만들어졌음이 분명하다고 결론을 내렸단다."

"어떤 관계인가요?"

"첫 번째는 원인과 결과 관계에 있는 두 대상은 반드시 서로 가까이 있어야 한다는 것이지. 두 대상이 가까이 있는 것을 인접성 혹은 근접성이라고 한단다."

"어느 정도로 가까워야 하는데요?"

"시간적으로나 공간적으로 두 대상이 영향을 주고받을 수 있을

정도의 장소와 거리에 있는 것이지."

"그럼 영향을 미칠 수 없을 만큼 먼 시간이나 장소에서는 원인과 결과가 될 수 없나요?"

"그렇단다. 한 달 전에 이곳에서 분 바람이 오늘 사과나무의 잎새를 흔들리게 했다고 볼 수 있을까?"

"지금 이 순간 사과나무 잎새가 흔들리는 건 지금 불고 있는 바람 때문이에요."

"그래. 흄은 이런 인과율의 성질을 '인접성'이라고 했단다."

"그럼 두 번째는요?"

"원인은 반드시 시간적으로 결과에 우선하여 일어나야 한다고 했지."

"원인과 결과가 같은 시간 안에 일어날 수는 없나요?"

"흄은 그런 생각을 비판했어. 예를 들어 보자꾸나. 지금 바람이 불고 있고 사과나무 잎새가 흔들리면 바람이 부는 것과 사과나무 잎새가 동시에 움직이고 있다고 생각할 수도 있겠지?"

"네."

"하지만 1초라도 바람이 먼저 불어야 사과나무 잎새가 흔들릴 수 있지 않겠니? 바람 '때문에' 사과나무 잎새가 흔들리는 것이니까 말이야."

나는 고개를 끄덕였어요. 아무리 짧은 시간이라도 원인은 반드시 먼저 일어나야 하는 것이라고 생각했거든요.

"그러니까 원인과 결과는 선후 관계에 있어야만 한다는 거군요."

아빠도 같이 고개를 끄덕이며 말했어요. 나무 할머니는 '흄이 내린 결론에 의하면' 이라고 덧붙이며 다시 따뜻한 차를 우리에게 따라 주셨어요. 아! 흄 이야기와 함께 마시는 차는 얼마나 달콤한지. 나는 과자를 한입 깨물면서 이런 생각도 했지요. 내가 지금 이렇게 행복한 것은 맛있는 차와 과자 때문일까? 흄 때문일까? 내행복의 원인은 차? 과자? 나무 할머니? 아빠? 흄? 뭔가 한 가지로 꼭 집어서 말할 순 없는 걸 보면 원인과 결과는 한 가지로만 연결되는 건 아닐지도 모르겠어요.

"또 다른 게 있나요?"

"세 번째가 있지. 흄은 원인과 결과를 설명하기 위해서는 인접성과 선후 관계만으로는 충분하지 않다고 생각했어. 그래서 한 대상이 다른 대상의 원인이 되기 위해서는 두 가지 말고도 '필연적인 연관성' 이 필요하다고 말했지."

"필연적인 연관성?"

"그래. 원인과 결과가 되기 위해서는 필연적으로 연결되어야 한단다. 대부분의 사람들은 존재하는 모든 사물이 모두 존재의 원인을 갖는다고 생각하지. 그리고 사람들은 또 이런 특정한 원인들은 반드시 어떤 결과를 가져와야 한다고 믿는단다."

"거기에 대해서 흄은 어떤 생각을 했는데요?"

"존재하는 모든 것은 무엇이나 원인을 갖는다는 생각에 대해 이런 주장은 다만 사람들이 직관적으로 확실하다고 생각할 뿐이지 명백한 증거를 보일 수는 없다고 반대했어."

"왜요?"

"경험과 대상에 대한 감각적 인상에 따라 지식을 만드는 흄에게는 논증할 수 없는 문제였기 때문이란다. 그는 원인 없이는 어떤 존재도 있을 수 없다는 건 증명할 수 없다고 생각했거든. 모든 새로운 존재들마다 그에 따른 원인을 가져야 한다면 어떤 대상은 무(아무 것도 없음)를 원인으로 인정해야 하는데 경험론자인 흄에게 무에 의해 무언가 만들어지는 건 불가능한 일이었기 때문이란다."

갑자기 나무 할머니가 얘기를 하다 말고 웃음을 터뜨렸어요. 나랑 아빠는 왜 그런가 싶어 서로의 얼굴을 마주 보았지요. 그러다가 아빠도 나도 웃음을 터뜨리고 말았지 뭐예요. 얼굴이 너무 웃겼거든요. 그렇게 심각한 얼굴은 난생 처음이었으니까요. 이마에 잔뜩 주름을 잡고 입이 앞으로 쑥 나온데다가 눈에는 있는 대로 힘을 빡 주고 있었으니 누가 봐도 틀림없이 웃지 않을 수 없었을걸요.

"그렇다고 흄을 너무 어렵게 생각하진 말거라. 그는 그가 생각한 것을 끝까지 밀고 나갔을 뿐이란다. 흄은 흄이고 이오는 이오잖니?"

나무 할머니는 부드럽게 말해 주었어요. 누구나 자신의 생각을 갖고 있으며 자신의 생각 없이 남의 생각을 받아들이기만 하는 것도 좋은 것은 아니라고 하셨어요. 아빠와 나는 돌아오는 길에 많은 것을 생각하고 대화를 나누었어요. 나는 하루 종일 나를 기다리고 있을 수리에게 해 줄 많은 이야기가 생겨서 기뻤지요.

집으로 돌아가는 길엔 해가 조금씩 지상으로 내려오고 있었어요. 아빠와 내 그림자가 한 뼘씩 길어지는 걸 보며 노래를 부르며 돌아왔지요. 아빠 손을 꼭 잡고요. 5분 거리를 한 시간씩 가다간 오늘 안으로 저녁을 못 먹을지도 모르니까요.

데이비드 흄의 일생

　데이비드 흄(David Hume)은 1711년 4월 26일, 영국 스코틀랜드 지방 '언덕의 도시' 에든버러(Edinburgh)에서 태어났답니다. 에든버러는 많은 곳이 언덕으로 이루어진 스코틀랜드 중심 도시로 고풍을 간직한 전통적인 도시이지요.

　흄의 부모는 양쪽이 모두 훌륭한 가문 출신으로, 부친의 가계는 백작 혈통을 가졌는데, 이 가문은 보수당의 수상을 배출하기도 했어요. 흄의 외할아버지는 스코틀랜드 고등 법원장을 지냈으며, 외삼촌 중에서는 귀족의 작위를 받은 사람도 있었다 해요.

　흄의 부모는 세 명의 자녀를 두었는데, 데이비드가 막내였고, 그의 형 존은 1709년, 누나인 캐더린은 1710년에 태어났어요. 그러니까 세 자매가 연년생으로 태어난 셈이지요.

　아버지의 뒤를 이어 법률가가 되기로 가족끼리 이야기가 되어 있던 흄은 열두 살이 되자 형과 함께 에든버러 대학에 입학했어요. 3년간의 대학 시절 동안 흄은 그리스어, 논리학, 그리고 윤리학을 배웠으며, 그 시기에 뉴턴과 로크의 작품들을 통해서 새로운 지식을 배웠어요.

고향으로 돌아온 흄은 법률 공부를 시작했으나, 그의 마음은 다른 콩밭에 가 있었어요. 그는 '자신을 지배한 것은 문학, 역사학, 그리고 철학이었다'고 말할 정도로 법률을 좋아하지 않았어요. 그는 가족들이 법률 공부하고 있을 것이라고 믿고 있는 시간에 비밀리에 키케로(로마 철학자)의 철학책과 버질(로마 시인)의 문학책을 읽었다고 해요. 한마디로 그의 생각은 주로 철학적 사고로 가득 차 있었지요. 그는 18세에 그의 첫 저서 《인성론》을 썼어요. 이 책은 앎에 관한 '인식론'과 어떻게 살아야 하는가 하는 '윤리학'의 문제를 다룬 것으로 일생 동안 기본이 되는 사상을 담고 있어요. 이른 나이에 그에게 '사고의 새로운 풍경'이 전개되기 시작한 것이지요.

이 시기에 새로운 생각으로 흄의 정신은 몹시 흥분된 상태가 되었답니다. 그는 자신에게 다가온 새로운 생각에 더욱 집중하느라 마침내 건강마저 상하게 되지요. 요즘 말로 정신 쇠약에 걸린 그는 '키 크고 뼈만 남은 야윈' 젊은이가 되었어요. 건강을 상한 흄은 정신을 차리고 몸 관리를 시작했어요. 영양가 있는 음식을 취하고 규칙적으로 운동을 해서 이윽고 '건강하고 튼튼하며 홍안의 얼굴을 하고 쾌활한 용모를 가진 건강해 보이는 사나이'가 되었지요.

  다시 연구를 시작한 흄은 좋은 환경을 찾아서 프랑스로 거주지를 옮겼어요. 그는 데카르트가 교육을 받았던 예수회 대학의 도서관에서 새로운 책들을 썼어요.

  흄의 첫 저서인 《인성론》은 사람들의 관심을 끌지 못했지요. 그래서 흄은 매우 불행하다고 생각했어요. 그는 자신의 책에 대해서 '이 책은 사람들 눈에 띄지도 못하고 인쇄기에서 사산되어 버렸다' 고 자책하기도 했을 정도니까요.

  집필 활동을 계속한 흄은 1745년, 한 책에서 '존재하기 시작하는 것은 무엇이든지 원인을 가져야만 한다' 는 주장을 하게 되었고, 이 생각은 그의 원인과 결과 이론(인과론)의 기초를 이루게 되지요.

  1751년, 흄은 《도덕 원리에 관한 연구》를 완성하고 이 책을 자신의 저서 중에서 가장 마음에 드는 책이라고 생각했어요. 그러나 그의 주장은 매우 비판적이라서 당시 그의 생각을 비난하는 사람들이 많았어요. 특히 당시의 성직자들이 흄을 적대시하여 그의 책은 로마 가톨릭 금서 목록에 포함될 정도였어요.

  1763년, 흄은 영국 대사의 비서가 되어 프랑스로 갔어요. 그리고 후에 이곳의 대리 대사가 되지요. 당시 세계의 중심인 파리에 도착한 그는 프랑스 계몽 철학자들의 환대를 받았어요. 유명한 사람은 항상 고향에서 인정을 받지 못하고 타향에서 그 가치를 인정받는다고 하지요? 프랑스의 백과전서파(계몽 사상가 집단)들은, 특히 디드로 같은 철학자는 영국에서 온 신사 흄을 현명한 사람으로 우대했답니다.

흄은 1769년, 파리로부터 고향인 에든버러로 돌아올 때 부유한 사람이 되어 있었어요. 그는 고향에 집을 짓고 이후 일생을 정리하면서 자신의 글들을 정리하는 데 전념했지요.

1775년, 흄은 자신의 몸에 나타나는 죽음의 그림자를 겸손히 받아들이고 있었어요. 그는 죽음의 고통을 겪지 않았고, 또 정신력도 감소되지 않았어요. 마지막 순간까지 그는 모든 것을 예상하고 침착하게 받아들였다고 해요. 1776년 8월 25일, 그는 마침내 운명했답니다. 그를 아는 친구들은 '그는 완벽했고 또 현명한 사람이었다'고 회고했어요.

상상력의 작용

흄은 위에서 말한, 물리적 대상들이 위의 두 가지 원리, 즉 항상성과 정합성에 의존한다는 사실을 주장한 다음, 이 성질들이 어떤 방식을 통해서 전개되는가를 설명하고 있어요. 이 설명은 곧 우리가 가진 상상력이 물리적 성질을 토대로 해서 어떻게 대상에 대한 인상을 갖게

하는가를 설명해 주는 것과 같아요.

우리의 상상력은 대상을 만나게 되면서, 첫 단계에는 여러 가지 다양한 인상들에 의해서 착각과 혼란을 겪게 되지요. 혹은 실수도 하게 되고요.

그래서 이 단계를 혼란 혹은 착각의 단계라 해요. 이 첫 단계에서 상상력이 하는 일은 서로 다른 인상들 중에서 유사한 감각 인상들을 동일한 것으로 받아들이는 것이지요. 동일한 대상이 우리에게 주는 감각 인상들은 엄밀히 말하면 사실상 서로 다르지요.

예를 들어, 책상 위에 연필이 하나 있다고 해요. 이 연필이 갖는 단단함, 크기, 색깔에 대해서 처음에는 다양한 인상을 받게 되는데, 어느 정도의 시간이 지나면 이 다양한 인상들을 동일한 것으로 생각하게 되지요. 이렇게 해서 첫 단계에서 상상력은 유사한 것으로부터 동일한 것을 찾아낸답니다.

그런데 상상력은 동일한 것을 찾아낸 후에도 이들이 나타나는 것을 중단하면 다시 다른 존재들인 것 같은 인상을 받게 되어 혼란스러워하거나 당혹스러워하게 되지요. 이러한 정신적 혼란을 피하기 위해서 상상력은 다음 단계로 나아가야만 해요.

상상력이 두 번째 단계에 이르면, 대상이 중단한 후에 나타나는 다양한 인상들을 통일시키려는 경향을 갖게 되지요. 다시 말하면, 우리의 상상력은 지각들이 중단되었다가 다시 시작했을 때, 그 사이의 틈새를 메워 주고 중단된 두 개의 지각들을 서로 연결해 주는, 우리가 직접 경험하지 않았지만 다른 지각들이 있다고 가정해요.

예를 들어, 우리는 집에서 가방에 책을 넣고 학교에 가서 다시 가방을 열었을 때, 그 책들이 가방 속에 그대로 들어 있는 것을 당연하게 생각하지요. 그렇지 않나요?

이렇게 대상이 우리의 시각에서 사라진 후에도 그 대상에 대한 우리의 상상력은 계속 진행이 되는 것이지요. 이것을 흄은 항해하는 배와 비교해서 '노에 의해 추진된 겔리선처럼 더 이상의 추진력이 없이도 배는 그 항해를 계속한다'라고 말해요.

흄은 상상력의 작용을 통해서 알 수 있듯이 우리 인간의 본성에는 계속해서 지각하지 않아도 지각하는 것처럼 생각하는 독특한 성질이 있다고 주장하고 이를 '상상력의 관성'이라 해요. 그러므로 상상력은 실제로 관찰한 내용을 넘어서서 이들을 통일시켜 규칙을 확장하는 경향성을 갖게 되지요. 이렇게 해서 우리의 인상이 일반적 사실로 받아들여질 수 있는 바탕을 갖게 된답니다.

4

항해

조화를 이루는

삶

 '인간은 감성에 기초에 도덕적인 결정을 내리게 된다.'

－데이비드 흄

1 날마다 새날

　나무 할머니 정원에 다녀온 지 두 달이 지났습니다. 며칠 동안 아빠는 코앞으로 다가온 조각보 전시회 준비로 눈썹이 휘날릴 정도로 바빴어요. 잠도 제대로 못 자고 바느질하느라 살이 쭉 빠졌다느니 눈이 퀭하다느니 얼굴이 너무 까칠해졌다느니 거울을 볼 때마다 중얼거리지만 제가 볼 땐 무척 행복한 얼굴이에요. 게다가 드디어 오늘 아침 작품을 완성해서 춤추고 노래 부르고 장난 아니었다니까요.

아빠는 바느질을 하다 말고 가끔 나를 한참씩 바라보았어요. 그러다가 바늘에 찔리기도 여러 번이어서 바느질을 하든지 나를 보든지 둘 중 하나만 하라고 했다니까요. 내 입으로 이런 말을 하기 부끄럽지만요, 우리 아빠는 자기 아들을 너무 좋아하는 아빠지 뭐예요.

나무 할머니는 가끔 꽃집에 들러 아빠의 조각보에 대해 여러 가지 조언을 해 주시고 수리 이야기도 들어 주시곤 했어요. 그때마다 물론 흄에 대한 이런저런 이야기도 들었지요. 나무 할머니께 들은 흄에 대한 이야기를 저는 날마다 수리에게 해 주었답니다. 친구는 대화가 가장 중요하거든요. 나무 할머니하고만 친하다고 수리가 삐치면 어떡해요. 삐치는 건 아빠 혼자만으로도 벅차다고요.

오늘은 나무 할머니를 저녁 식사에 초대했어요. 아빠의 완성된 조각보 기념 만찬 같은 거지요. 아빠를 위해 제가 모처럼 솜씨를 뽐내 보려고요. 어제 일찌감치 장을 보았지요. 메뉴는 된장찌개랑, 버섯 볶음이랑, 콩나물 무침, 호박전이에요. 헤헤! 제가 제일 잘하는 거예요. 사실은 아빠랑 제가 좋아하는 것들이지만요.

나무 할머니를 초대하고 무엇을 만들까 고민하다가 나무 할머니께 물었죠. 무엇을 좋아하시냐고요. 그랬더니 나랑 아빠가 평소에 맛있게 먹는 것이면 무엇이든 좋다고 하시잖아요. 친구니까 부담 갖지 말라고 하시면서요.

아빠는 상차림을 돕기 위해 꽃집 문을 일찍 닫고 왔어요. 나 혼자서 할 수도 있다고 했는데 둘이 해야 더 즐겁다나요. 사실은 내일이 조각보 전시회 날인데 가슴이 두근거려서 뭐라도 하지 않으면 진정이 안 될 것 같대요. 참 나, 어린애 재롱 잔치도 아닌데 뭘 그렇게 떨려 하는지.

하긴 저도 사실 엄청 기대하고 있거든요. 아빠가 처음 만든 조각보니까요. 진짜 전시장처럼 꾸미고 작품마다 제목도 단대요. 아빠 조각보의 제목은 뭐냐고 아무리 물어봐도 내일 와서 보면 안다고 절대 안 가르쳐 주지 뭐예요. 누군가 자기한테 꼭 한마디만 하라면 바로 그 말이라면서요. 정말 정말 정말 궁금하지만 내일까진 참을 수밖에요.

아! 벨소리가 들려요. 나무 할머니가 오셨나 봐요. 아빠와 나는 서둘러 마중 나갑니다. 나무 할머니는 직접 구운 사과파이를 들고 오셨어요. 나무 할머니 정원에 있는 사과나무에 열린 사과로 만든 거래요.

할머니의 엄청난 칭찬 속에서 저녁을 먹은 후 아빠는 차를 끓였습니다. 아빠의 특기인 밀크티. 이거 하나만큼은 아직 아빠 솜씨를 따라갈 수 없어요. 지금도 부지런히 연습 중이긴 하지만요.

갓 만들어진 사과파이는 달콤하면서도 따뜻해요. 한입 베어 물자마자 입 안 가득 퍼지는 사과향. 음…… 그래! 이 맛이야. 전 이렇게 맛있는 사과파이는 태어나서 처음 먹어 보았어요. 엄청난 경험인 것이죠. 앗, 저도 모르게 흄에게 중독된 걸까요? 새로운 걸 맛보거나 할 땐 '음…… 경험이야, 경험!' 하거든요. 전 내친 김에 나무 할머니에게 흄에 대해 물어보았죠.

"나무 할머니! 흄 말인데요."

"그래, 뭔가 더 알고 싶은 게 있니?"

할머니는 아빠가 따라 주는 밀크티를 음미하면서 아주 맛있게 드시고 계세요. 자신이 만든 걸 누군가 맛있게 먹어 주면 기쁘다는 걸 새삼 '경험' 하고 있지 뭐예요.

"네, 지난번에 원인과 결과 사이에서 반드시 있어야 하는 게 필연적 연결성이라고 하셨잖아요."

"응, 그랬지."

"그걸 더 자세히 알고 싶어요."

"우리 이오가요, 요즘 엄청난 '경험주의자' 가 됐다니까요."

아빠는 사과파이를 한입 가득 깨물면서 말합니다.

"오호…… 그래? 흄이 들었으면 아주 기뻐했겠는걸. 이렇게 훌륭한 동지가 있어서 말이야."

나는 나무 할머니가 어떤 이야기를 해 주실지 기대 가득한 눈으로 기다렸지요.

"우선 필연적 연결성의 관념이 어떻게 생기는지부터 알아보자꾸나. 왜 우리는 '존재하는 것은 모두 필연적으로 원인을 가진다'고 생각하는 걸까? 그리고 왜 특정한 원인들이 필연적으로 특정한 결과를 가져온다고 생각하는 걸까?"

"하지만 흄은 모든 존재가 원인을 가져야 한다는 것은 논증될 수 없다고 했지요."

아빠는 신중하게 한마디를 꺼냈어요.

"그리고 존재가 원인을 가져야 한다는 신념이 논증될 수 없다면 그것은 우리의 경험과 관찰로부터 나온 것이라고 봐야 하고요."

"그렇지. 한 대상을 다른 대상과 관계를 맺게 해 주는 건 오직 경험에 의해서만 가능하기 때문이야."

"내가 사과파이와 좋은 관계를 맺기 위해선 우선 사과파이를 경험해 봐야 하는 것처럼 말이에요?"

그러자 나무 할머니는 찻잔을 높이 드시며 이렇게 덧붙였지요.

"밀크티와 좋은 관계를 맺기 위해선 우선 밀크티를 경험해 봐야 하는 것처럼."

아빠는 나무 할머니께 밀크티 한 잔을 더 따라 주면서 분명히 어깨가 으쓱했을 거예요.

"그런데 말이야, 같은 경험이 반복되면 그것이 지식이 된단다. '아빠가 밀크티를 끓이면 맛있어' 와 같은 것이 되지."

"아빠가 밀크티를 끓였기 '때문에' 당연히 맛있는 밀크티가 되는 '결과' 가 나오는 거군요."

"그래, 그래서 하나의 추리는 우리의 일상생활에서 습관으로 굳어지게 된단다. 우리는 이런 습관에 의해서 미래에도 과거처럼 되리라고 믿게 되는 거지. 마음은 이런 경향성을 지니게 되고 이런 경향성으로부터 필연적 연결성이 나타난단다."

"하지만 언제나 그렇게 되리라는 보장은 없잖아요. 아빠의 밀크티가 정말 맛있긴 하지만 가끔 아빠가 딴 생각에 빠지면 맛없을 때도 있거든요."

"오! 오! 이오! 너무해. 아빠는 언제나 최선을 다한다고."

"에이, 그러니까 아주 가끔 있는 일이란 얘기지."

나는 얼른 아빠에게 사과파이 한 조각을 주었어요. 할 말이 없을 때 먹을 걸로 막는 게 최고거든요.

"우리는 비슷한 인상들을 반복적으로 경험하면서 습관화된 경향성을 갖게 되는데, 이것이 마음에 반영되어 필연적 연결 관념을 갖게 하고 이 필연적 연결성은 원인과 결과 사이에 인과 관계를 만들어 낸단다. 조금 어려운 이야기다만 이해하겠니?"

"네. 같은 일들이 반복되면 자기도 모르게 당연하다고 믿게 된다는 거죠? 그럼 원인과 결과는 반드시 그렇게 되는 건 아닌 건가요?"

"오늘 아빠의 밀크티가 내일도 똑같이 맛있을까?"

나무 할머니는 아빠를 놀리는 듯 웃으며 말했어요. 아빠는 곤란한 얼굴이었지요. 가끔 진짜 맛없는 밀크티를 끓이기도 하니까 말이에요.

"흄에게 원인과 결과는 '반드시' 혹은 '필연적으로' 관계를 갖는 것이 아니라 '거의' 혹은 '대개' 그런 것들이란다. 결국, 원인과 결과의 관념은 경험에 의해 우리 마음에 생긴 마음의 습관에 불과하다는 거지."

"그럼 잘못된 습관이 생길 수도 있겠네요?"

"그럼, 그렇고 말고! 흄은 외국인을 예로 들었지. 외국인을 한두 번 만나 본 적이 있는 사람이 외국인을 만날 경우 '외국인은 모두 눈이 크고 코도 크다' 라는 신념을 갖고 있을 수 있겠지. 하지만 점점 많은 외국인을 만나면서 모든 외국인이 눈이 크거나 코가 큰 건 아니라는 걸 알게 되겠지. 이처럼 잘못된 신념은 폭넓은 경험을 통해서 고쳐 나갈 수 있단다. 새로운 신념이나 습관을 갖게 되는 거지."

"음…… 그런데 습관과 신념은 우리 삶에서 뭐랄까, 지배적인 역할을 하는 것 같아요."

아빠는 생각에 잠겨서 말했어요. 뭔가 아주 안타깝다는 듯.

"그래, 그래서 흄은 오직 경험만이 우리의 행동과 사고를 규제하는 훌륭한 기준이 된다고 했지."

"경험 이외의 것은 우리를 가르칠 수 없다는 뜻인가요?"

"자신이 경험한 것만을 믿으라는 것이지."

"그럼 지식을 가능하게 하는 것이 원인의 결과에 따른 것이 아니라 마음의 습관이라면 이런 지식은 어떻게 확신할 수 있나요?"

"두 가지 방법이 있단다. 직접 관찰과 정신적 추론이지."

나무 할머니는 두 잔째 밀크티를 아주 맛있게 드시고 말씀을 이 으셨어요.

"우리가 안다는 것은 끝없이 확실한 것을 찾아가는 길이라고 할 수 있단다. 우리가 어떤 지식에 대해 더 이상 의심할 수 없을 때 그 지식은 정당하다고 말하지. 이런 점에서 철학자들은 자신들의 이론을 정당화시키려는 노력을 하는 사람들이라고 할 수 있단다. 흄은 신념을 정당화하는 방법에는 두 가지가 있다고 했어."

"그게 바로 직접 관찰과 정신적 추론이군요."

"그렇단다. 우리가 과거에 규칙적으로 나타나는 것을 경험하고 그 규칙성을 미래에도 적용해서 결과를 예측한다는 얘기는 이미 했었지? 어려운 말로 그것을 '일양성의 원리'라고도 하는데, 어쨌든 이 원리에 의하면 우리는 경험을 넘어선, 아직 경험하지 않은 것을 추론해서 알 수 있는 것이지."

"흄은 그것을 믿었나요?"

"아니, 흄은 믿지 않았단다. 경험은 절대적 확실성을 주지 못한다고 본 거야. 그는 아직 경험하지 못한 것에 대해선 그와 비슷할 거라고 추측할 수는 있지만 항상 그렇게 되리라고 보장할 수는 없다고 생각했지. 우리는 그렇게 되리라고 가정할 수 있을 뿐 확신

작년....재작년
태풍도 끄떡없었던
"나무..... 올해도
그럴줄 알았는데..."

할 수는 없단다."

"흄은 엄청난 의심쟁이였나 봐요."

내가 한 한마디에 또다시 웃음바다가 되었습니다. 나무 할머니는 내 얼굴을 똑바로 바라보면서 부드럽게 말씀하셨어요.

"우리가 경험을 통해서 관찰하는 것과 사물 그 자체의 성질이 서로 같다는 것을 경험하는 것은 우리의 능력을 넘어서는 일이란다. 여기 거실에서 사과향이 난다고 해서 이곳에 사과나무가 있다고 확신할 수는 없는 법이지. 이오야, 오늘 아침에 해가 동쪽에서 떴다고 내일도 동쪽에서 뜰까? 서쪽에서 뜰지도 모르고 아니면 해가 안 뜰지도 모르지. 내일이 되기 전까지는 알 수 없으니까 말이다. 오늘 당연한 것이 내일도 당연하다는 보장은 없지 않겠니? 우리에게는 날마다 새날이 있을 뿐이란다."

2 내 사랑 이오

아빠의 조각보 전시회 날입니다. 나무 할머니와 문화센터 입구에서 만나 전시장으로 갔습니다. 일요일이어서 가족과 함께 온 사람들이 많았어요. 아빠는 이것저것 준비할 게 많다고 두 시간 전에 이미 집을 나섰습니다.

나무 할머니는 작품마다 돌아보시며 정성껏 만든 사람의 마음이 느껴진다고 했어요. 나도 나무 할머니를 따라 천천히 구경했지요. 우아! 이걸 다 손으로 바느질해서 만들었다니! 큰 것도 작은 것도 어느 것 하나 안 예쁜 게 없었습니다. 비뚤배뚤한 것도 있고 재봉틀로 박은 것처럼 가지런한 것도 있었지만, 모두 정성이 가득한 작품들이었습니다.

바느질은 그냥 옷이나 기울 때 쓰는 홈질만 있는 줄 알았는데 여러 가지 방법이 있다는 것도 처음 알았습니다.

드디어 아빠의 작품. 제목은 '내 사랑 이오'. 오잉? 이건 정말 낯 뜨거운 제목이잖아요. 아빠답다고나 할까, 한 방 맞았다고나 할까! 누가 쳐다보는 것도 아닌데 나는 얼굴이 붉어졌습니다. 사방 5센티미터 정도 되는 작고 네모난 천 조각들을 이어 붙여 식탁보만한 커다란 사각보를 만든 것이었습니다. 다양한 색깔의 천 조각들이 꼼꼼하게 이어져 있었어요.

그러고 보니 아빠는 왜 갑자기 조각보 바느질을 배운다고 했을까요? 한 번도 진지하게 이유를 생각해 본 적은 없었지만 아빠의 조각보를 보고 나니 알 것도 같았습니다.

한 장, 한 장, 다른 색깔들이 모여 하나의 커다란 모양을 이룬 아빠의 작품은 감동 그 자체였거든요. 그런데 왜 제목이 '내 사랑 이오'지?

아줌마들 틈에 섞여 열심히 수다를 떨고 있는 아빠는 전혀 어색

해 보이지 않았습니다. 남자면 어때요, 아저씨면 어때요. 자기가 좋아하는 것을 당당하게 하면 되지요.

아빠는 어느 때보다 행복하고 즐거워 보였습니다. 회원 대표로 인사말을 하게 된 아빠는 이렇게 말했습니다.

"내가 처음 조각보 바느질을 배우겠다고 생각한 것은 사랑하는 내 아들 이오 때문이었습니다. 덜렁대고, 잘 까먹고, 기억력도 나쁘고, 잘하는 것 하나 없이 아들에게 짐만 되는 아빠지만, 뭔가 내 손으로 만든 것을, 진심을 담은 어떤 것을 주고 싶었거든요. 그래서 세상에 너 혼자가 아니라 너를 사랑하고 지지하는 누군가가 있다는 것을 꼭 기억해 주었으면 하는 마음으로 한 땀 한 땀 바느질을 했습니다.

하지만 막상 바느질을 하면서부터는 이오보다는 저 자신을 위한 것이 되더군요. 다르기 때문에 조화를 이루고, 다르기 때문에 아름다운 것이 된다는 것을 배웠기 때문입니다.

바느질은 한 순간 한 순간 몰입하는 즐거움을 줍니다. 하기 싫다고 대강 하거나 건너뛰면 금방 티가 납니다. 우리 삶도 바느질처럼 정성을 다해 순간순간 살면 반드시 근사한 것이 될 거라고 믿습니다.

세상에는 많은 아이들이 있습니다. 엄마가 없는 아이도 있고, 아빠가 없는 아이도 있고, 엄마 아빠가 모두 없는 아이도 있습니다. 엄마 아빠가 다 있어도 자신이 불행하다고 느끼는 아이도 있으며, 매를 맞고 사는 아이도 있습니다. 하지만 그것이 아이의 탓은 아닙니다. 그리고 그것 때문에, 아이의 잘못이 아닌 어떤 것 때문에, 그 아이가 누군가에게 차별을 받거나 놀림을 받는 것은 옳지 않다고 생각합니다."

자신이 직접 경험해 보기도 전에 누군가 처한 상황만으로 판단하는 것은 불행한 일입니다.

엄마가 없어도 우리 이오는 누구보다 착하고 바른 아이라고 생각합니다. 이건 아빠이기 때문에 자식에 대한 무조건적인 사랑 때문에 하는 말이 아닙니다. 내가 경험해 본 이오를 바탕으로 말하는 거니까요.

자식 자랑하는 푼수 아빠지만 나는 내 아들을 사랑합니다. 내 아들이 소중하기 때문에 다른 아이들도 소중합니다.

조각보를 만들다 보면 어느 것 하나 예쁘지 않은 조각이 없습니다. 한 조각 한 조각이 모두 중요한 존재입니다. 사람도 그렇다고 생각합니다. 귀하고 소중하지 않은 사람은 없습니다.

누군가를 자신처럼 소중하게 생각할 때 세상은 아름다워진다고 생각합니다.

그래서 저는 앞으로 내 아들이, 그리고 우리의 아이들이 자신과 다른 것을 인정하며, 자기 안의 편견이나 선입견에 사로잡히지 말고, 잘못된 확신에 사로잡히지 말고, 많은 것을 보고 듣고 느끼고 경험하면서 조각보처럼 조화를 이루며 살기를 바랍니다. 고맙습니다.

천둥 같은 함성과 박수 소리가 터져 나왔습니다. 모두 감동을 받은 게 틀림없어요. 얼마나 열심히 소리 지르며 박수를 치는지 아빠조차 깜짝 놀라는 얼굴이었거든요. 나는 나무 할머니를 바라보았습니다. 나무 할머니도 열심히 박수를 치셨어요. 그리고 나에게 다가오는 아빠를 환한 얼굴로 바라보며 나에게 귓속말로 속삭였습니다.

"경험하지 않은 것은 네 것이 아니란다. 그러니 직접 부딪치며 살아라. 아빠의 조각보처럼 말이야."

나 또한 이제 막 나를 껴안으려는 아빠를 두 팔 벌려 맞이하며 나무 할머니에게 역시 귓속말로 속삭였습니다.

"흄이 말한 것처럼 말이죠?"

나무 할머니는 한쪽 눈을 찡긋했습니다. 틀림없이 나무 할머니는 계란 프라이같이 동그란 웃음을 흘리며 고개를 끄덕였을 거예요. 아빠의 품에 꼭 껴안기는 바람에 그 이상은 볼 수 없었지만 말이에요. 하지만 이건 제가 경험한 거니까 틀림없다니까요.

조화를 이루는

삶

3 가슴 가득 바람

수리야, 믿어지니? 드디어 오늘 뮤가 나에게 왔어. 처음이야, 뮤가 내 옆에 온 건! 뮤를 알게 된 지 벌써 석 달이나 지났잖아. 나무 할머니랑 흄에 대해 이야기하고 있는데 뮤가 언제부터인지 내옆에 누워서 얘기를 듣고 있더라고. 내가 쓰다듬는데도 가만히 있고 기분이 좋은지 목에서 가르랑 소리까지 냈다니까. 우아! 드디어 뮤가 내 친구가 된 거잖아. 난 영영 뮤랑 친구가 될 수 없을 줄 알았는데. 나무 할머니 말씀이 맞아. 오늘 그렇다고 해서 내일도 똑같으리라는 법은 없는 건가 봐.

너, 나무 할머니, 아빠, 뮤. 친구가 많아서 요즘엔 내가 굉장한 부자가 된 기분이야. 예전엔 내 또래 아이들만 친구라고 생각했는데 요즘엔 친구에 대한 생각이 바뀐 것 같아. 그래, 그건 널 만난 후부터일 거야. 세상 모든 존재가 다 내 친구가 될 수 있는걸. 서로가 마음만 열면!

나이가 무슨 상관이람. 나무 할머니랑 나는 서로의 마음을 알아주는 친구인걸. 가족이면 어때. 아빠랑 나는 숨기는 게 하나도 없는 친구인걸. 사람이 아니어도 괜찮아. 너는 나의 베스트 프렌드잖아. 그리고 뮤! 오늘부터 새 친구가 되었지.

하지만 어쩌면 그건 내 생각뿐인지도 몰라. 뮤는 나를 꼭 막내 동생 대하듯 하는걸. 어떻게 아냐고? 뮤의 눈빛이 꼭 그렇다니까. '어린 것이……' 하는 얼굴인걸 뭐. 하지만 우린 곧 사이좋은 친구가 될 거야.

요즘엔 학교 가는 게 너무 즐거워. 내가 먼저 인사하고, 뭐든 열심히 하려고 노력하거든. 어제와 다른 오늘이야. 내일은 틀림없이 오늘과 다른 내일일 거야. 조각보 전시회가 끝나고 아빠랑 많은 얘기를 나누었지. 나는 아빠가, 내가 얘기를 하지 않아서 모른다고 생각했는데 '엄마 없는 아이'라고 놀림 받은 거 말이야. 지난 번 아빠의 조각보 전시회 때 아빠가 알고 있어서 내가 얼마나 깜 짝 놀랐다고.

아빠는 슬픈 일도 기쁜 일도 함께해야 가족이라고 했어. 혼자서 만 짐 지지 말라고. 그럼 너무 무거워서 쓰러져 죽는대. 아빠는 아 빠이면서 내 친구이면 좋겠다고. 수리한테는 다 말하면서 자기한 테는 안 해 준다고 또 삐칠 뻔한 거 있지. 달래느라고 애 좀 먹었 다니까.

아빠랑 나무 할머니랑 나는 흙에 대한 공부를 계속하고 있어. 어 쩐지 알면 알수록 더 궁금한 게 많아지는지…… 물론 나보다는 아빠가 아빠보다는 나무 할머니가 더 많은 걸 알고 계시지만 나도 질 수는 없으니까 되도록 많이 생각하고 질문을 많이 해. 내가 두 사람보다 잘하는 건 질문이거든.

있잖아, 수리야! 난 요즘 가슴 가득 바람을 품은 돛이 된 기분이 야. 내가 알지 못했던 미지의 바다에서 새로운 것을 잔뜩 경험하 고 있거든. 매일 아침마다 '돛을 올려라!' 하고 나 자신에게 외친 다니까.

어느 날은 무심코 눈 뜨자마자 진짜 소리 내어 외치는 바람에 아빠가 눈을 동그랗게 뜨더니 '캡틴! 오늘은 어디로 갑니까?'라고 정말 돛을 올리는 시늉까지 내며 이불을 개지 않겠어? 그래서 내가 점잖게 말해 주었지.

"우리가 경험할 수 있는 모든 것이 있는 곳으로 가네."

어때? 이만하면 나도 제법이지? 매일 매일의 새로운 항해는 즐거워. 집도 학교도 새로운 일이 항상 있거든. 그래서 마음을 활짝 열고, 가슴 가득 바람을 품고 나는 새로운 경험을 해. 내가 경험한 것만을 믿을 거니까. 절대로 선입견이나 편견 따위는 갖지 않을 거니까.

수리야, 너도 나를 지켜봐 줄 거지? 항상 그랬듯 내 얘기 들어 줄 거지? 아, 나무 할머니가 그러는데 나에겐 또 한 명의 중요한 친구가 벌써 생겼대. 누구지? 나도 모르는 내 친구라니. 그래서 누구냐고 물었더니 수리한테 물어보라던데. 수리가 요즘 나한테서 가장 많이 듣는 이름일 거라면서. 네가 요즘 가장 많이 듣는 이름이라면 내가 제일 자주 말하는 이름일 텐데…… 아빠, 나무 할머니, 뮤…… 아, 흄!

왜 그걸 몰랐을까? 맞아. 흄은 예전부터 내 친구였는데…… 아빠한테 처음 들었을 때부터 마음에 딱 와 닿았거든. 살아 있는 사람이 아니면 어때. 내가 마음을 연 사람인걸. 그러니까 흙도 내 친구인 거지.

그런데 아빠는 또 어디 갔니? 이렇게 가게 문을 활짝 열어 놓고. 또 어디 가서 흙 만지고 있는 거 아냐? 아빠 말이야, 요즘엔 도자기에 홀딱 빠져 있잖니. 정말이지 한 치 앞도 내다볼 수 없는, 예측 불가능한 아빠라니까. 그렇지?

신념과 습관

'원인과 결과의 관념은 마음의 습관에 불과하다'

원인과 결과의 관념에 대한 흄의 생각은 당구에 관한 예에서 잘 드러난답니다. 흄은 당구공의 충돌을 자주 예로 들고 있는데, 당구는 18세기 당시 영국의 유한계급이 열정적으로 몰두했던 게임이지요.

당구하는 사람이 큐를 이용해서 하나의 공을 때리면, 이 공은 다시 다른 공을 때리게 되지요. 당구 치는 일을 관찰하면, 시간과 공간 안에서 일어나는 일들의 변화를 보게 되지요. 큐를 잡은 손이 움직여 공을 때리면, 큐와 공이 접촉하는 순간이 있고, 다음에는 그 근처에 있는 공으로 움직이는 공간이 있으며, 다음에 그 공이 두 번째 공과 접촉하는 순간이 있고, 그리고 두 개의 공이 모두 움직이는 순간이 있고, 그리고 경기자가 성공한다면 두 번째 공이 세 번째 공을 접촉하는 순간이 있지요. 우리가 이러한 순간으로부터 생기는 모든 인상을 받아들인다 해도 거기에 두 번째 공이 세 번째 공을 접촉해야만

한다는 필연적 연결의 관념이 나올 수 있는 인상을 받지는 못해요.

흄에 의하면, 경기자가 첫 번째 공을 때리니 그 공이 결국 세 번째 공을 움직이게 했을 경우, 첫 번째 공이 두 번째 공을 때리고, 그 공이 다시 세 번째 공을 때린 것을 근접성과 지속성에 따라서 경험하여 인상을 갖게 된다는 거예요. 그리고 이러한 인상들을 자주 갖게 됨으로써 경기자는 큐를 가지고 공의 어떤 방향을 어떤 힘으로 때리면 어떻게 될 것이라는 전체적인 과정에 대한 인상을 갖지요. 이렇게 반복되는 인상은 우리의 정신에 기억으로 남지요. 그리고 다음에 당구를 하게 되면, 그 기억은 하나의 습관이 되어 그 경기자의 경기를 지배하게 된다는 거예요. 그러므로 원인과 결과의 관계 관념은 다만 정신에 나타난 '마음의 습관'일 뿐이라고 주장하는 것이지요.

흄은 이러한 마음의 습관은 매우 강력해서 과학자조차 그 습관으로부터 벗어나지 못한다고 해요. 이것은 단순한 습관이 아니지요. 모든 사람들이 이 습관에 따라서 행동하고 판단하게 되는 아주 강력한 습관이랍니다. 이 습관은 우리가 결코 벗어날 수 없는, 따라서 거기에 일생 동안 얽매여 있는 습관이지요. 그래서 흄에게 있어서 원인과 결과는 '반드시' 혹은 '필연적으로' 관계를 갖는 것이 아니라 '거의' 혹은 '대개' 그러한 특성을 갖는다는 거예요.

예를 들어, 경기자가 첫 번째 공을 치면서 그 공이 '반드시' 세 번째 공과 접촉을 하는 것이 아니라, '아마도' 접촉할 것이라는 기대를 하게 되지요. 흄은 이러한 원인과 결과의 습관 관념을 '개연성'이라 불렀어요. 개연성은 '첫 번째 공이 세 번째 공을 접촉하는 경우가 자주 있을 수 있다' 라는 뜻으로 절대적 확실성과 다르지요. 절대적 확실성은 첫 번째 공이 '칠 때마다 언제나' 그리고 '반드시' 세 번째 공에 가서 맞는 경우를 말해요. 만약 반드시 그러한 일이 생긴다면, 우리는 그것을 '과학의 법칙'이라 해요. 그러나 그러한 경우는 있을 수 없기 때문에 원인과 결과는 법칙이 아니라고 흄은 주장하는 것이지요. 그러므로 원인과 결과의 관념은 경험에 의해서 우리의 마음에 생긴 마음의 습관이라고 주장해요.

흄에 의하면 신념과 습관은 주로 교육을 통해서 얻게 되는데, 이들은 합리적이거나 비합리적일 수 있어요. 비합리적 신념들을 고치려면 우리는 경험에 의존해야 하지요. 만약 새로운 신념이 우리가 가진 원인과 결과의 신념 체계와 모순되거나 일치하지 않으면, 거부되어야 하지요. 흔히 우리는 일상생활에서 비합리적인 신념을 갖는 수가 있어요.

흄이 제시한 예를 보면, 외국인을 한두 번 만나 본 사람이 외국인들은 어떻더라 하는 신념을 갖는 경우, 그 신념은 비합리적일 가능성이

많아요. 외국인들은 코도 크고 눈도 크더라는 신념은 그렇지 않은 외국인들을 많이 경험하면서 잘못된 신념이라는 것을 깨우치게 될 테니까요. 이와 같이 잘못된 신념은 폭넓은 경험을 통해서 고쳐 나갈 수 있어야 합니다. 다시 말하면 새로운 습관이나 신념을 갖게 된다는 말이지요.

톨스토이는 봄에 참나무들의 싹이 트는 것은 바람이 원인이라는 농부들의 신념을 이야기하고 있어요. 만약 바람이 그 참나무에 와 불고, 먼저 바람이 불어오자 나중에 나무들이 싹을 틔운다면 그 신념은 일단 설명될 수 있어요. 그러나 만약 경험에 의해서 바람이 불지 않은 곳에서도 나무의 싹이 튼다는 것을 보여 주면, 농부들은 자신들의 생각을 바꾸게 되지요. 이와 같이 우리는 항상 이미 가지고 있는 신념에 따라서 살면서 경험에 의해서 그 신념을 고쳐 나가며 살고 있어요.

그러므로 이러한 습관과 신념은 우리의 삶에 있어서 지배적인 것이지요. 그리고 여기에 항상 경험이 동반해야 해요. 그래서 흄은 경험된 사건들이 우리들의 행동과 사고를 규제하는 훌륭한 기준이 된다고 한답니다. 경험 이외의 그 어떤 것도 우리를 가르칠 수 없다는 것이지요. 흄은 '경험 외에 그 어떤 것에 호소할 수도 없고, 그 외의 다른 어떤 것도 학교나 서재에 들어와서는 안 된다'라고 말하고 있어요.

흄은 인간의 삶에는 어떤 근본적인, 습관적으로 굳어진 신념이 있다고 봤어요. 요약해서 말하면, 가장 근본적인 두 개의 신념으로 사물들이 독립적이고 지속적으로 존재한다는 신념과 존재하기 시작하는 모든 것은 원인을 갖는다는 신념이 바로 그것이지요. 이러한 신념이 없다면 인간의 삶은 계속될 수가 없어요. 이 두 개의 근본적인 신념을 바탕으로 해서 우리는 일상에서 만나게 되는 크고 작은 새롭고 특수한 신념들을 조절하고 변화시켜 나가며, 이들을 모아 지식을 만들어 가고 있지요.

흄에게 있어서 습관적으로 생긴 신념들을 바탕으로 해서 얻은 지식들은 그 확실성이 문제 되지요. 지식을 가능하게 하는 원인과 결과의 관계가 확실한 법칙이 아니라 하나의 마음의 습관이라 한다면, 이 관계를 바탕으로 해서 생긴 지식은 어느 정도 확실할 수 있을까요? 이러한 의문은 여전히 남아 있지 않을까요?

수리 수리 마하수리

 오늘은 수요일, 하루 종일 비가 왔어. 아저씨는 슬픈 드라마를 보면서 엉엉 울더니 너무 피곤하다며 일찌감치 잠자리에 들었고 난 네가 읽어 주는 《어린왕자》에 귀를 기울이고 있었지. 넌 너무 많이 읽어서 외우다 시피 하는 《어린왕자》를 읽고 또 읽었어.

 이오야! 오늘 힘든 하루였던 거지? 네가 《어린왕자》를 읽는 날은 가슴 아픈 날이잖아. 말하지 않아도 알아. 네가 마음속으로 다 말해 주었잖아. 아무도 네 마음 알아주지 않는다고 애써 울음을 참은 날이었지? 학교에서 애들이 '엄마 없는 애'라고 놀렸기 때문이지? 넌 단지 엄마가 없는 것뿐인데, 그건 네 잘못이 아닌데…….

 왜 다른 것이 나쁜 것이 되어야 하는 걸까? 다른 건 다른 거라고 인정해 줄 수 없는 걸까? 모두 다르잖아. 이름도 다르고 얼굴도 다르고 성격도 다르고. 그런데 왜 사람들은 자기와 다른 점이 하나라도 있으면 가슴에 상처 주는 말을 아무렇지도 않게 해 버리는 건지.

하지만 이오야, 그건 그 애들이 나쁜 애들이어서가 아닐지도 몰라. 그 애들도 모르는 거야, 그게 무슨 의미인지. 자신들의 행동이 얼마나 잘못된 것인지 아무도 알려주지 않았으니까. 배운 적이 없으니까. 그러니까 너무 미워하진 마. 언젠간 그 애들도 알 날이 올 거야.

이오, 네가 얼마나 멋진 아이인데! 넌 매일 바람이 다르게 분다는 걸 알지. 사과 맛이 사과마다 다르다는 것도 알아. 어떻게 하면 계란 프라이를 예쁘고 맛있게 하는지도 알고 냄비를 반짝반짝 윤이 나게 닦을 줄도 알잖아. 너보다 고구마를 잘 키우는 아이는 없을 거야. 너보다 누군가의 이야기를 잘 들어 주는 아이도 없을 거야. 게다가 너에겐 세상에서 제일 멋진 아빠가 있잖아. 그러니까 분명히 네 마음 알아주는 친구가 나타날 거야.

내 친구, 이오! 네가 내 친구여서 얼마나 다행인지…… 장미나 호접란 같은 예쁜 애들이 날 못생겼다고 해도 넌 나를 제일 좋아해 주잖아. 외모가 아닌 마음으로 나를 바라봐 주잖아. 그래서 나도 힘을 낼 수 있었어. 멋진 애들 사이에서도 기죽지 않고 '나는 나'로 살아갈 수 있었어. 그건 네 덕분이야. 끊임없이 네가 나를 돌봐 주고 진심으로 사랑해 주었기 때문이야. 그러니까 이번엔 내가 도와줄게.

우울하면 큰 소리로 몇 번이고 주문을 외워 봐. 억울하고 분해서 마음이 갈래갈래 찢어질 정도로 슬픈 날에는 몇 번이고 몇 번이고 큰 소리로 주문을 외워 봐. 분명히 내일은 오늘과 다른 날이 될 거야. 백 번쯤, 천

번쯤, 만 번쯤 외쳐도 변하는 게 없다고 실망하진 마. 만한 번째에는 달라질지도 모르잖아. 네가 원하는 대로 변할지도 모르잖아. 그러니까 주문을 외워 봐. 반드시 행복해질 거라고, 내가 원하는 내가 될 거라고 주문을 외워 봐.

지금부터, 웃으면서, 큰 소리로, 세상이 떠나가라, 마법의 주문을 부르는 거야!

이렇게!

수리 수리 마하수리~!

한 번 더!

수리 수리 마하수리~!

큰 소리로!

수리 수리 마하수리~ 수리 수리 마하수리~ 수리 수리 마하수리~!

01 흄은 우리가 대상에 대해 알기 위해서는 항상성과 정합성이 필요하
다고 합니다. 그리고 더 나아가서 물리적 대상들에 대한 인상을 갖
기 위해 상상력이 필요하다고도 했습니다. 흄이 생각하는 상상력에
대해 말해 보세요.

02 흄과 데카르트가 생각하는 자아(=나)는 서로 다릅니다. 어떻게 다른지 설명해 보세요.

03 흄이 말하는 인상과 관념의 관계를 설명해 보세요.

04 세상에서 가장 의심이 많은 철학자 흄은 원인과 결과의 관계를 어떻게 생각하고 있을까요?

통합형 논술 문제풀이

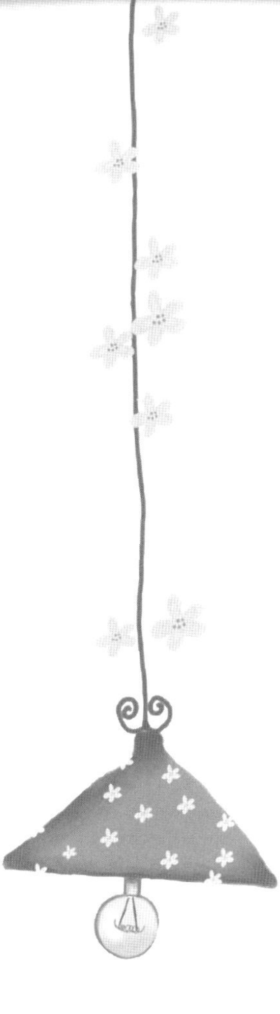

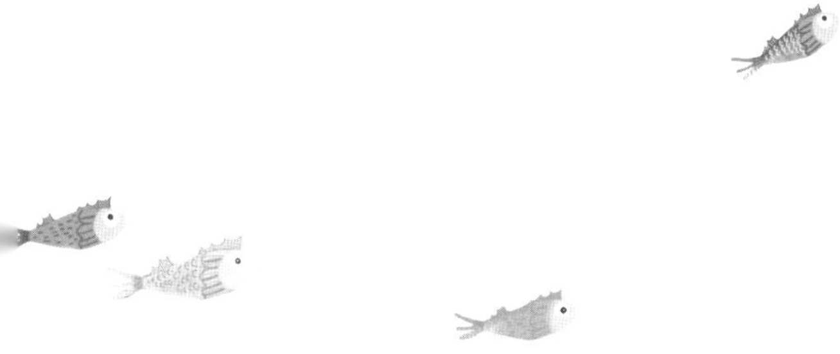

01 흄은 물체의 성질에 대한 신념을 설명하는 데 있어서 가장 중요한 것은 상상력이라고 보았습니다. 그런데 상상력만으로 사물을 모두 알 수는 없지요. 상상력은 감각을 통한 우리의 인상들이 보여 주는 성질과 더불어서만 활동할 수 있어요. 흄은 상상력을 설명하기 위해 먼저 우리의 경험이 가진 성질을 연구했지요. 왜냐하면 신념이 생기기 위해서는 먼저 감각에 의한 경험이 일어나야 하기 때문이지요. 감각의 성질은 '철학 돋보기'에서 보았듯이 항상성과 정합성이지요.

항상성이란 우리의 경험이 어떤 통일된 것으로 나타난다는 것이죠. 정합성 역시 우리가 물리적 대상들에 대한 신념을 가능하게 해 주는 원리로서 경험하는 개인들의 변화에도 불구하고 대상의 변화는 규칙적으로 일어나고 있다는 것을 말해 주고요.

흄은 물리적 대상들이 위의 두 가지 원리, 즉 항상성과 정합성에 의존한다는 사실을 기초로 하고 있어요. 이 원리들을 바탕으로 상상력은 작용을 할 수 있지요.

우리의 상상력은 대상을 만나게 되면서 유사한 감각 인상들을 동일한 것으로 받아들이지요. 이렇게 해서 첫 단계에서 상상력은 유사한 것으로부터 동일한 것을 찾아내지요. 이것이 상상력의 첫 번째 단계이지요.

상상력이 두 번째 단계에 이르면, 대상이 사라진 후에 다양한 인상들을 통일시키려는 경향을 갖습니다. 상상력은 대상이 사라진 후에도 계속 작용하게 되는 것이지요. 흄은 이를 '상상력의 관성'이라 하지요. 그래서 흄은 상상력이 실제로 관찰한 내용을 넘어서서 이들을 통일시켜 규칙을 확장하는 능력이라고 했습니다.

02 합리론의 창시자 데카르트는 '생각하는 나'를 철학을 위한 기본 원리라고 생각합니다. '나' 또는 '자아'를 '생각하는 나'로 보았지요. 그는 자아를 분명한 것으로 확신하여 '나는 생각한다, 고로 존재한다'는 말을 하고 있어요. 내가 생각하고 있는 것은 분명한 사실이고, 내가 생각하려면 먼저 존재해야 하는 것이지요. 이 말은 모든 경험의 기초에 '나'라는 확실하고 움직이지 않는 똑같은 존재가 있어야 한다는 주장이지요. 데카르트에게 있

어서 '나' 라는 것은 생각하는 '나' 이며, '나' 는 생각하기 때문에 존재하게 된다는 겁니다.

데카르트와 대립되는 입장인 경험주의자 흄은 '자아' 의 문제를 다르게 생각합니다. 흄은 '나' 혹은 '자아' 라는 관념이 생기려면, 먼저 그에 대한 인상이 있어야 한다고 말합니다.

그런데 '나' 라는 것은 문제가 있습니다. 왜냐하면 '나' 라는 존재는 수시로 변하기 때문이지요. 신체도 변하고 감정도 변하며 심지어는 태도와 정신도 자주 변합니다. 이렇게 보면 자아라는 것 역시 항상 변하고 있는 것이라고 해야 하지 않을까요? 그렇다고 해서 자아가 존재하고 있다는 것을 흄은 거부하지는 않아요.

지속하면서도 항상 변하고 있는 것 같은 자아를 흄은 서로 다른 지각의 다발이나 묶음 같은 것이라고 주장합니다. 위에서 보듯 나의 신체, 정신과 감정, 그리고 태도는 끊임없이 변하고 흘러가는 하나의 흐름과 움직임 같은 것이지요. 자아는 수시로 변화하지만 또 고정된 면을 가지고 있는 것이지요. 그래서 흄은 자아를 일종의 '극장' 에 비유했어요. 그것도 '무대 없는 극장' 이라고요. 결국 '나' 라는 것은 다양한 인상을 받아들여 다양한 관념을 만들어 가는 극장의 무대와 같은 역할을 하고 있다고 본 것이지요.

03 흄은 경험을 위한 직접 자료를 인상이라 하고, 인상을 마음속에 떠오르는 상으로 만드는 것을 관념이라 합니다. 그래서 관념은 감각적 인상들의 복사물이라 하지요. 인상이나 관념이 우리의 의식 속에 들어올 때 강한 정도나 활발함에 있어서 '생생함' 의 차이가 있어요. 인상으로는 뜨거운 물에 직접 데었을 때 받는 강한 인상이나 아름다운 사람을 보았을 때 받는 강한 인상 등이 그 예가 될 수 있어요. 그러나 관념에 의해서 얻는 것은 인상에서 받는 것처럼 강하지 못하지요.

흄은 인상을 단순 인상과 복합 인상으로 구분하고 관념을 단순 관념과 복합 관념으로 다시 나눕니다. 한 가지 사물에 대해서 감각으로 느끼는 것은 단순 인상이고, 여러 가지 사물을 한꺼번에 지각하는 것은

복합 인상이라 하지요. 마찬가지로 한 가지 사물에 대해서 그에 대한 상을 가지면 단순 관념이고, 다양한 사물에 대한 상을 한꺼번에 갖게 되면 복합 관념이라 해요. 이처럼 복합 인상과 복합 관념은 서로 대응하지요. 그러나 우리가 어떤 금으로 된 빌딩과 다이아몬드가 깔린 도로에 대한 관념을 갖는다면 이에 대응하는 인상을 찾을 수 없어요. 그러므로 복합 인상과 복합 관념이 서로 대응하지 않는 경우가 있을 수 있어요.

그렇다면 인상과 관념 중 무엇이 더 먼저 생기는 것일까요? 빨간색을 알려 주기 위해서 빨간 사과나 빨간색 종이를 보여 주기 때문에 인상이 관념보다 먼저 우리의 마음에 들어온다는 것은 명백하지요. 그래서 단순 인상들이 그에 따르는 관념보다 먼저 일어난다고 말할 수 있어요.

흄은 인상들을 감각에 의한 인상과 반성에 따른 인상으로 나눕니다. 흄은 감각에 의해서 일어나는 인상들의 원인은 그것이 우리의 마음속에 생긴다는 것을 알 뿐이지 그 원인을 알 수는 없다고 하지요. 그리고 반성에 의한 인상의 원인은 대부분 관념에 의해 일어난다고 봐요. 우리가 바닷가에서 돌아와 일상생활을 하던 중 바닷가의 인상이 마음속에 다시 하나의 '상'으로 살아날 수 있어요. 이 상이 바로 관념이며, 이에 대한 반성은 모래의 뜨거움과 함께 그때에 대한 새로운 인상을 만들어 낼 수 있게 되지요. 이 인상들은 다시 관념이 될 수 있으며, 이러한 과정은 계속 진행될 수 있어요. 따라서 흄은 우리가 관념으로부터 반성을 시작할 수 있지만 궁극적으로는 그 관념도 감각의 인상들로부터 유래하기 때문에 결국 인상이 관념보다 먼저 일어난다고 보고 있지요.

04 흄은 원인과 결과의 관계에 대해서 첫째, 모든 것에 원인이 있는 것은 아니며, 둘째, 원인과 결과의 관계는 법칙의 문제가 아니라 습관의 문제라고 생각합니다. 흄은 거의 모든 사람들이 받아들이고 있는 인과율에 대해서 다른 입장을 보이지요.

모든 만물이 원인을 가져야 한다는 주장에 대해 바르게 추론을 하면 그 주장이 잘못되었다는 것이지요. 왜냐하면 원인의 원인을 계속 추구해 나가면 결국 더 이상의 원인이 없는 무에 도달하게 되니까요. 그래서 흄은 모든 사물들이 각각 원인을 가져야 한다는 주장을 받아들일 수 없다고 보았습니다.

그리고 흄은 원인과 결과의 관념도 단순히 마음의 습관에 불과하다고 봅니다. 흄은 이러한 마음의 습관은 매우 강력해서 과학자조차 그 습관으로부터 벗어나지 못한다고 보았어요. 이것은 단순한 습관이 아니라 모든 사람들이 이 습관에 따라 행동하고 판단하게 되는 아주 강력한 습관이라는 것이죠.

흄에게 있어 원인과 결과는 '반드시' 혹은 '필연적으로' 관계를 갖는 것이 아니라 '거의' 혹은 '대개' 그러한 '개연적 특성'을 갖는다고 주장합니다. 개연성은 반드시 일어나는 절대적 확실성과 다릅니다. 절대적 확실성은 '언제나' 그리고 '반드시' 일어나는 경우를 말하지요. 만약 반드시 그러한 일이 생긴다면, 우리는 그것을 '과학의 법칙'이라 합니다. 그러나 그러한 경우는 있을 수 없기 때문에 흄은 원인과 결과는 법칙이 아니라고 말하는 것이지요. 그래서 흄은 원인과 결과라는 인과율의 개념은 경험에 의해 우리에게 생긴 단순한 마음의 습관이라고 보았습니다.